KB167530

유럽의 다정한 책장들

모모 파밀리아

유럽의 다정한 책장들

24개 나라를 여행하며
관찰한 책과 사람들

모모 파밀리아

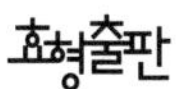

CONTENTS

프롤로그 1

우리는 과연 책과 사랑에 빠졌을까?

요즘 누가 책을 보는가. 부모의 다정한 강요로 책을 읽는 어린이와 시험 대비용 필독서를 외우는 청소년을 빼고, 북카페 책장 앞에서 사진 찍는 젊은이도 제외하고, 부자가 될 수 있다는 현혹에 넘어가 책을 든 성인까지 배제하고 나면 진짜 책을 읽는 독자는 사라져가고 있다.

생물학에서는 야생에 개체수 20마리가 남아 있더라도 이를 멸종으로 판단한다. 인간이 기술적으로 유전 다양성을 유지하며 종을 복원하기 위해서는 최소 30~50마리 개체수가 필요하기 때문이다. 사실상 책은 멸종되었는지도 모르겠다.

2백 년쯤 뒤엔 도서관이 유적지가 될 거란 상상을 해본 적이 있다. 홀로그램 가이드가 유리창에 갇힌 책장 앞에서 이런 설명을 하지 않을까?

"이곳은 과거 사람들이 책을 빌려 보던 장소입니다. 그러한 행위를 대출이라고 했지요. 당시 책과 관련한 업무를 보는 직업을 사서라고 했는데, 그들이 하는 일은 다음과 같았습니다….”

이러한 나의 상상력이 허무맹랑한 것이길 바랄 뿐이다.

재미있는 건 책을 읽을 생각이 전혀 없는 사람들조차 책이 사라지길 원하지는 않는단 점이다. 특히 부모라면 자녀가 책을 좋아하는 아이로 커 주길 바라 마지않기도 한다. 그도 모자라 독서 인구가 절벽에 다다른 이때 어디서나 강조되는 화두는 '문해력'이다. 학교에서도 직장에서도 온통 서술형, 구술형 얘기들이다. 30초도 집중하기 힘들다는 세대에게 문해력이라니 희대의 아이러니 아닌가.

덕분에 한 가지는 확실해졌다.

"지금이구나! 경쟁자 없이도 문해력을 독점할 순간은!"

10년 전부터 기획한 육아 휴직에 유럽 24개국 113개 도서관과 서점이란 목적지를 추가했다. 130일 동안 아이들에게 책장 곁에서 주제 글쓰기를 하게 했다. 우리는 과연 책과 사랑에 빠졌을까?

어림없었다. 책장에 둘러싸여 있다고 책이 저절로 좋아지는 마법은 일어나지 않았다. 그도 그럴 것이 유명한 책장을 쫓으며 관광객만 실컷 보던 터였다. 우리는 시선을 돌려 무작위 보통의 책장에서 평범한 유럽인이 책을 대하는 태도를 지켜보기로 했다. 무턱대고 글을 쓰던 아이들과 온종일 대화하며 세상부터 이해하게 도왔다. 그렇게 책과 문해력의 본질을 다시 찾아 나섰다.

왜 읽고 쓰는가? 책의 숨은 목적은 활자 너머로 타인의 생각을 경청하고 이해하려는 소통에 있다. 읽는 건 책일지 몰라도 궁극으로 읽고 이해하려는 것은 사람이다. 문해력을 외면하자 늘어난 건 무례와 불통과 인간성 상실이 아니었던가. 더 이상 인간은 서로 말하지 않고, 이해하지 않으며, 마주하지조차 않게 되었다. 조만간 책이 유물이 되는 날 그 옆에 같이 전시될 유물은 인간이 될지도 모른다.

우리는 유럽 책장에서 마주했던 모든 걸 통틀어 책장의 기능과 역할은 무엇인지, 책 마케팅 전략과 교육법은 있는지, 책의 본질은 무엇이며, 책의 앞날은 창창한지에 대해 낱낱이 전하고 싶다. 우리의 기록이 책을 다시 꺼내 보게 만드는 다정한 설득이 되길 바란다.

엄마 박윤미

프롤로그 2

삶을 들여다보는 여정과 함께하길

캐나디안 불곰.

느긋하고 덩치 큰 내게 아내가 지어준 별명이다. 비록 불곰이지만, 내가 21년째 해온 일은 나노 단위 기술을 설계하는 반도체 연구원이다. 반도체는 '더 작게, 더 빠르게' 만드는 게 핵심인 기술이다. 눈에 보이지도 않는 칩 하나를 설계하기 위해 투입되는 인력과 시간은 어마어마하다. 수천 명 직원이 수만 시간 동안 매번 진화하는 공정 기술을 익혀 오차 없는 칩을 완성해야 하기 때문이다. 그렇게 칩만 들여다보던 내게 아내는 10년에 걸쳐 이런 말을 건넸다.

"쉬게 해줄게."

이제는 가족을 들여다보란 속뜻이었다.

솔직하게 쉴 용기는 없었다. 뒤처지거나 돌아올 자리가 없을지도 모른다는 불안도 컸고, 나의 공백을 대신 짊어질 동료들에게 미안하기도 했다. 사회적 인식이나 회사 정책이 육아 휴직을 장려하는 분위기로 돌아섰지만, 결단을 내리기까지 긴장과 걱정은 무한대였다. 그럼에도 과감하게 결단을 내린 결정적 이유는 결국 가족이었다. 더 늦기 전에 반도체 대신 치열하게 가족을 들여다보며 아이들에게 불곰 말고 '위니 더 푸' 같은 아빠가 되어주고 싶었다.

책과 글쓰기가 중심이었던 이번 여행의 성과는 하나하나 나열하기가 벅차다. 책장 곁에 있던 유럽인들은 예상보다 훨씬 친절한 지성인들이었고, 탐나는 책과 책장들도 즐비했다. 그렇지만 정작 최고의 성과는 '만만한 아빠'가 되었다는 점이다. 24시간 신생아를 돌보듯 여행 내내 하루 종일 가족과 붙어 지내다 보니 5학년, 2학년이 된 아이들을 이제야 처음으로 돌본다는 생각이 들었다. 아이들을 이해하고 소통하게 되어 세상 만만한 아빠가 된 것만으로 이번 여행은 진정한 육아 휴직이었다.

복직 이후 회사의 속도는 더 빠르게 다가왔다. AI 기술이 업무에 급속도로 반영되고 있었고, 안 그래도 첨단이던 반도체는 최첨단 기술이 되어가고 있었다. 다만 차이가 있다면 책의 본질을 살폈듯, 일에서도 본질을 살피는 습관이 생겼다는 거다. 성과보단 왜 일하는지 이유를 들여다보게 되었고, 기술보다 우선해야 할 건 사람(동료)이란 마음가짐도 분명해졌다. 왜 하는지 알고 하는 일은 덜 난해하고, 왜 고마운지 알고 바라보는 사람들은 더 다정할 수밖에 없다. 책처럼 기술에도 그 본질엔 사람을 위한 선의가 들어 있다고 생각하니 이전과 같은 일을 하면서도 모든 게 수월해졌다.

사랑하고 있다면, 이해하고 싶다면 들여다봐야 한다. 책도 들여다보고, 기술도 들여다보고, 주변도 살펴봐야 한다. 모두 인간을 향한 것이기 때문이다. 여행을 통해 우리 부부는 책과 아이들 관련한 최고의 뇌과학자가 되었다는 생각이다. 내내 책장 곁에서 엉뚱하고 귀여운 아이들의 머릿속을 들여다봤으니 말이다. 우리의 관찰을 통한 경험이 독자 모두에게 선물이 되어 각자의 삶을 들여다보는 계기가 되면 좋겠다.

아빠 정인건

* 일러두기

1. 외래어는 국립국어원 표기 원칙을 따랐다.
2. 나라명은 영어식 표기법을 따랐으며, 도시명은 현지 언어 표기 방식으로 적었다.
   ex) 이탈리아 – Italy / 로마 – Roma
3. 유럽 책장 지도는 책 날개에 담긴 QR 코드를 통해 누구나 열람할 수 있다.

케임브리지 Cambridge

케임브리지대학교 출판부

Cambridge University Press

지구과학 박물관

Sedgwick Museum of Earth Sciences

동물학 대학 박물관

University Museum Of Zoology

인류학 고고학 박물관

Museum of Archaeology and Anthropology

오들리 엔드 Audley End

오들리 엔드 하우스 앤드 가든스

Audley End House and Gardens

런던 London

패딩턴 가게

Paddington Shop

WHSmith 서점

The Bookshop by WHSmith

돈트 서점 메릴본

Daunt Books Marylebone

영국 도서관

The British Library

영국 박물관

The British Museum

돈트 서점 노팅힐

Daunt Books Notting Hill

그리니치 천문대

Royal Museums Greenwich

테이트 모던

Tate Modern

브라이튼 Brighton

벌링 갑 카페

Birling Gap Cafe

주빌리 도서관

Jubilee library

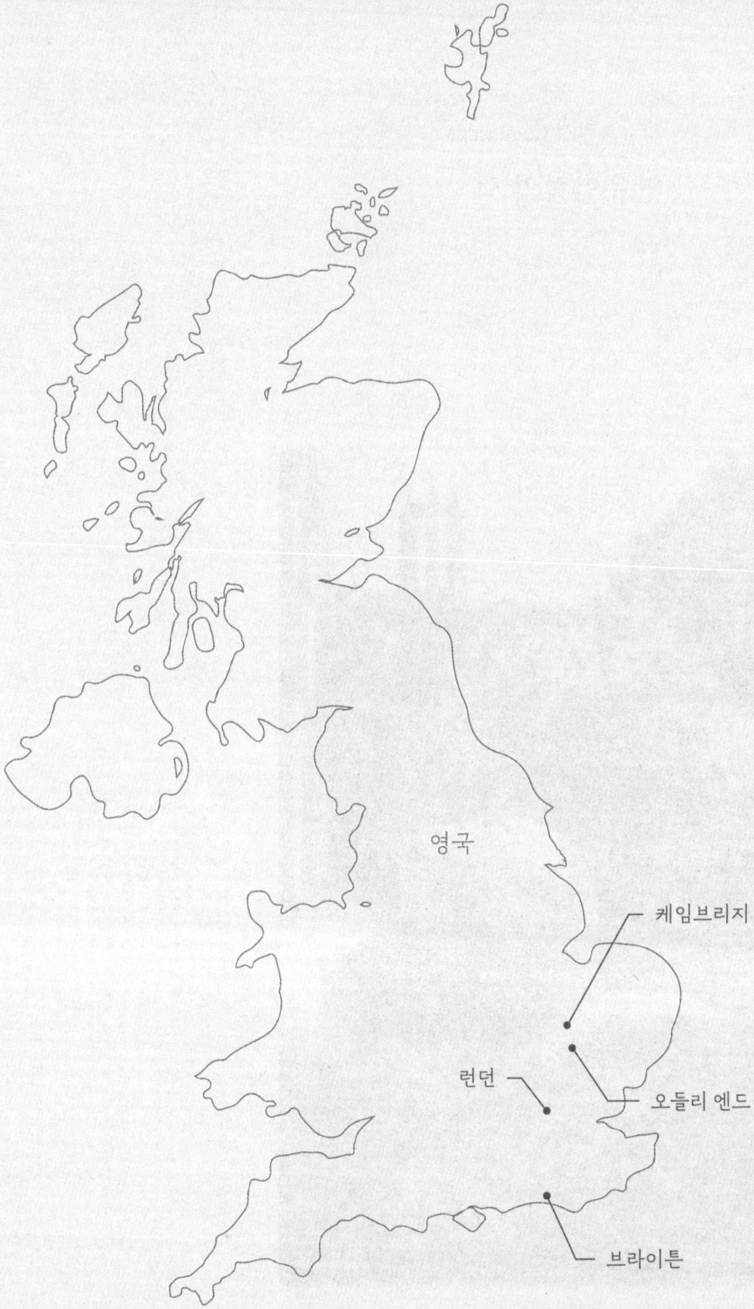

영국
케임브리지
런던
오들리 엔드
브라이튼

케임브리지 Cambridge

만유인력의 책

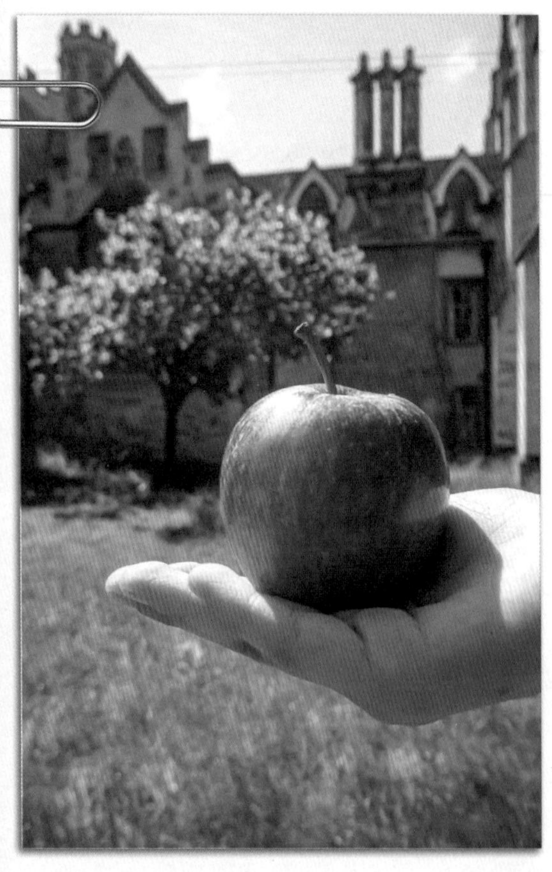

*

사과 한 개가 필요했다. 유럽 대장정의 첫인상으로 남을 도시로 신중에 신중을 기해 고른 케임브리지라서 사과는 더욱 절실했다. 뉴턴의 사과나무가 있다는 트리니티대학까지 40분은 족히 걸어야 했지만 그럴수록 사과는 더더욱 필요했다. 먼 길을 두 발로 떠나자고 아이들을 설득하기에 '만유인력의 법칙'만큼 학구적인 핑겟거리는 없었기 때문이다.

"여기가 바로 뉴턴의 사과나무가 있다는 곳이야. 우리 거기로 가서 사과를 떨어트려 보자!"

마트에서 사 온 잘생긴 사과 하나를 골라 대롱대롱 흔들며 아이들을 재촉했지만, 사실 사과나무는 내 안중 그 어디에도 없었다. 깜찍하게 기획한 진짜 목적지는 사과나무 근처에 있는 케임브리지대학교 출판부였으니까 말이다. 유럽에서 만나는 첫 서재로 세상에서 가장 오래된 출판사를 보여주고 싶은 마음은 부모의 타당한 욕심 아니겠는가.

케임브리지대학교는 1209년 옥스퍼드 출신의 학자들에 의해 세워진 대학교로 도시 전체를 캠퍼스 삼아 31개의 칼리지가 흩어져 있는 독특한 형태를 지니고 있다. 말인즉,

케임브리지 기차역에서 내린 순간부터 캠퍼스가 시작되는 것이다. 골드 베이지색의 고풍스러운 학교 건물들 주변으로 자그마한 단독주택이나 듀플렉스 주택이 늘어서 있어 어디까지가 학교고 어디부터가 가정집인지 경계가 모호하다. 대부분의 도로는 비좁은 2차선이고 인도 역시 두 사람이 가까스로 빠져나갈 공간만 있는 정도라 마주 오는 사람이 있을 땐 언제나 사선으로 비껴가는 계산이 필요하다. 소도시의 정취가 한껏 풍기는 대신 상대적으로 대중교통 인프라가 부족해 필시 오래 걸을 각오를 해야 하는 도시가 케임브리지이다.

작고 정겨웠던 이 도시를 본격적으로 걸음걸음 탐험한 날이 바로 사과를 집어 든 그날이었다. 큰 키의 남편이 선두에 서고 올망졸망한 아이들이 뒤따르는 우리의 모습은 영락없는 '사과 원정대'였다. 속내를 들키지 않으려고 긴장해 직진만 하는 나와 달리 아이들은 처음 보는 유럽 도시의 좁은 골목 하나하나에 무한한 호기심을 보였다. 급기야 아이들은 박물관 하나를 찾아내기도 했는데, 케임브리지대학교에서 직접 관리하고 무료로 개방하는 지구과학 박물관이었다. 사과나무에 가다 말고 박물관을 관람하는 모범적인 루트라니, 케임브리지를 고른 건 진정 맹모의 선택이었다.

지구과학 박물관 주변엔 동물학 대학 박물관, 인류학 고고학 박물관이 몰려 있어 이틀 연달아 다양한 전시를 볼 수 있었는데, 공룡 뼈를 비롯한 각종 생물의 뼈대와 화석은 아이들의 열렬한 환호를 불러내는 스테디셀러였다. 게다가 박물관 내부와 외부 기념품 가게에는 책과 활동지까지 비치되어 있어 그길로 책과 함께 망중한을 보내다 보니 졸지에 유럽 첫 서재 타이틀을 박물관이 가로채게 되었다. 케임브리지에서 예상치 못하게 벌어진 명석한 반전인데 내심 고맙기만 했다.

그렇게 첫 서재에서 나와 얼마간 더 걸어 도착한 사과나무에서 한동안 사과를 들고 사진을 찍고 난 뒤 이렇게 고백했다.

"이 사과나무는 가짜야. 뉴턴의 천재성을 사랑한 어떤 작가가 떨어지는 사과를 보고 뉴턴이 만유인력을 알아냈다고 그럴싸한 일화를 꾸며 낸 거였지. 더 웃긴 게 뭔지 알아? 일화에 등장하는 사과나무는 심지어 여기가 아니라 뉴턴의 고향 집에 있었대."

오랜만의 초조한 목소리에 아이들은 배신감 대신 흥미를 보였다. 중력이 그들의 마음을 예쁘게 잡아당기기라도 한 것처럼 말이다. 이때다 싶어 아이들을 이끌고 케임브리지대학교 출판부로 걸음을 옮겼다.

입구부터 벽 끝도 모자라 2층까지 오직 'Cambridge Press'가 찍힌 각종 서적이 진열된 이곳은 졸업생인 아이작 뉴턴, 스티븐 호킹 등 노벨 수상자들의 저서만 170권 이상 출간한 이력을 자랑한다. 최초의 출판사답게 초기에는 왕실의 출판을 담당했으며 현재는 범위를 넓혀 각종 학술 서적을 편찬해 오고 있다. 나선형 계단을 오르면 2층에 진화론을 주장한 '다윈의 자리'가 한 코너를 차지하고 있는데, 그곳을 어슬렁거리다 근처에서 어린이책 코너를 발견한 아이들은 케임브리지의 일원이라도 된 듯 내내 책을 뒤적거렸다.

지금도 아이들은 케임브리지를 최고의 도시로 꼽는다. 거기서 마주한 책들이 제 딴에는 완벽했기 때문이다. 우리를 케임브리지로 이끈 건 책이었다.

케임브리지대학교 출판부 Cambridge University Press

A Rule of Law for Our New Age of Anxiety
A Rule of Law for Our New Age of Anxiety
A Rule of Law for Our New Age of Anxiety

케임브리지대학교 출판부　Cambridge University Press

지구과학 박물관 Sedgwick Museum of Earth Sciences

인류학 고고학 박물관 Museum of Archaeology and Anthropology

오들리 엔드 Audley End

기록된 공간은 책이다

*

기록된 공간은 책이다. 공간이 기록된다는 건 그 안에 인물, 사건, 서사가 존재함을 뜻하기 때문이다. 기록되는 순간 공간은 이야기꾼이 되어 사람들에게 읽히기 시작한다. 그 이야기를 들으러 복작거릴 관광지나 유적지에 늘 사람이 몰리는 까닭이다. 고전을 읽듯 역사 유적지에 가고, 신작 수필을 읽듯 근교 관광지로 나들이를 떠나기도 한다. 책장을 펼치듯 공간에 발을 들이고, 본문을 읽듯 공간을 누비며, 문장을 탐닉하듯 공간 하나하나를 훑는다. 기억의 한계를 극복하기 위해 사진을 찍으며 공간 기록을 남기는 일은 책을 읽고 느낀 바를 독후감으로 옮겨 적는 일과 닮았다. 기록된 공간은 책 중에서도 몰입하여 읽게 되는 다분히 남다른 존재감이 있는 책이라 할 수 있다.

이런 의미에서 '잉글리시 헤리티지'는 전집과 다름없다. '잉글리시 헤리티지'는 무려 4백 곳 이상의 고고학적 유적지나 중세 성·수도원·대저택 등 잉글랜드의 역사적 장소들을 관리하는 자선 단체이기 때문이다. 우연히 숙소에 놓인 관광 안내 책자에서 본 이 단체는 지금 바로 '연간 회원권'을 사면

이 모든 장소를 제집처럼 드나들 수 있다고 홍보해 우리를 4백 권이 넘는 책 속 세계로 빠져들게 만들었다. 타국에 애국심마저 느끼며 영국 유산을 일일이 찾아본 우리는 장소에 담긴 이야기를 쫓는 사냥꾼이 되었다.

"세계 7대 불가사의인데 스톤헨지는 가 봐야지."

"죽기 전에 꼭 가 봐야 할 세계 유적이래. 도버 성을 다녀올까?"

"와! 오들리 엔드 하우스는 케임브리지에서 기차로 30분이면 간다!"

가깝다는 이유만으로 최종 목적지가 된 오들리 엔드 하우스는 우리 가족에게 잉글리시 헤리티지 최초의 책이 되었다.

오들리 엔드 하우스는 영국의 법관이었던 토마스 오들리 Thomas Audley 경이 왕에게 수여 받은 건물로 본래는 수도원이었던 곳을 저택으로 개조한 후 케임브리지의 작가와 학자들이 글을 쓰던 거처로도 활용했던 곳이다. 드넓은 잔디밭과 정원, 웅장한 본채와 그에 못지않은 별채까지 카메라에 채 담기 힘든 규모로 영국 귀족의 위상을 입증해 준다. 재미있는 건, 이처럼 기록된 공간일수록 실제로도 책이 많다는 사실이다.

저택 내부엔 다분히 귀족적인 품격 높은 서재가 있어 고서의 달짝지근한 빛바램을 벗 삼아 귀족의 삶을 향유하게 해줬고, 방마다 배치된 전문 가이드의 안내는 실시간 음성으로 듣는 오디오북인 것 같았다. 외부 별채로 가면 영국 가정집의 손맛을 자랑하는 식당과 카페들, 그 옆에 기념품 가게가 자리하고 있는데 여기에선 영국의 역사를 주제로 하는 책들을 구경하거나 살 수 있다. 가장 인상적인 건 마구간이다. 거대한 마구간을 박물관으로 개조하여 현재는 전시장으로 활용 중인데 말을 키울 때 사용했던 각종 용품과 안장, 말발굽 등 전시품 사이로 난데없이 서재가 나타난다. 시민에게 기증받은 중고 도서를 파는 일종의 중고 서점이다. 코 끝을 간지럽히는 말똥 냄새 사이로 마구간 한쪽에 기부된 책들이 끝도 없이 탑을 이루는 걸 보며 영국인의 책을 통한 기부 문화도 엿볼 수 있었다.

실제로 잉글리시 헤리티지 관련 문서와 이미지는 영국의 역사적 기록을 보존하는 왕립 위원회(RCHME)와 국립 기념물 기록(NMR)에 정식으로 등록되어 있다. 그러니 우리가 접근할 수 있는 최대 도서관 중 하나다. 이미 그들은 기록된 공간이 기억되고 궁극엔 책처럼 여겨질 걸 알고 있었는지도 모른다. 또한, 이것이 우리 가족이 책장을 비롯한 어느 장소에서든 기록을 빼먹지 않는 이유이기도 하다.

오들리 엔드의 정원에 나와 우리는 피크닉을 즐기는 현지인들 틈바구니에서 무작정 달리기도 했다가, 새총도 쏘았다가, 늘어진 나뭇가지 아래에 숨기도 하면서 오만가지 기억을 사진이나 글로 남겼다. 우리의 삶도 기록되면 책이 될 것을 알기 때문이다. 옛 사진 한 장에서 아이가 이유식을 먹다 말고 졸던 이유가 브로콜리라는 걸 떠올리며, 기록의 향수만으로 하루의 심상이 새로운 이야기를 만들어 내는 것처럼. 기록된 삶은 인생의 단편집이 된다.

공간도 인생도 기록되면 책이 된다.

오들리 엔드 하우스 앤드 가든스 Audley End House and Gardens

오들리 엔드 하우스 앤드 가든스 Audley End House and Gardens

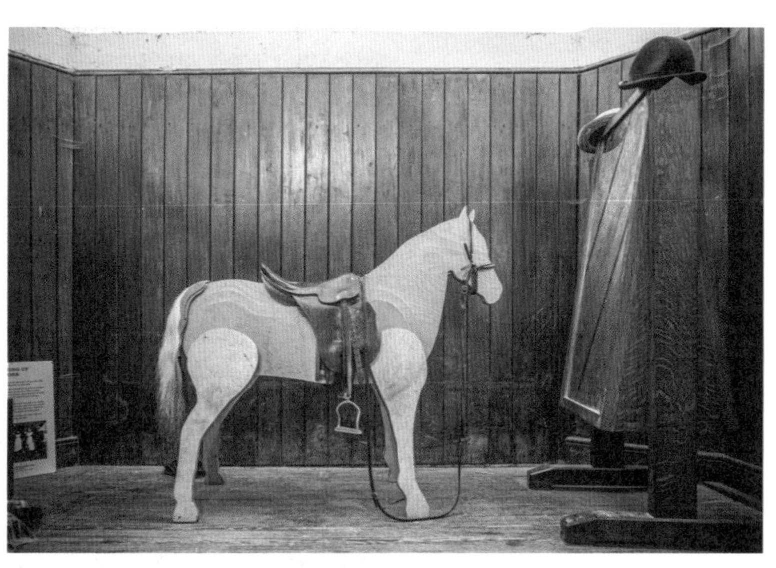

런던 London

셰익스피어부터 해리포터까지

*

지조를 잃은 지 오래되었다. 서정적이고 목가적이며 좀처럼 손때가 타지 않은, 이를테면 명상에 잠기기에 좋아 보이는 소도시를 제일로 꼽는다고 하였던 나의 지조는 런던에서 무너져 내렸다. 지하철역에서 빠져나와 마주하는 도시의 공원·미술관·박물관·서점·유적지·건축물은 또각또각 반듯한 도시계획으로 우리 가족을 맞아주었고, 나는 내심 출세한 심정마저 들었다. 테이트 모던 미술관 앞에 있는 노란색 주상복합도 내 마음에 쏙 들었고, 저기 저 빅 벤이 나를 위해 종을 울리는가 싶었다.

책 문화는 또 어떠한가? 런던을 관통하며 흐르는 건 템스강만이 아니었다. 도시를 범람하며 흐르는 건 책이었다. 지하철이나 공원 벤치에서도 독서 삼매경인 사람들을 수도 없이 목격해 스무 군데 넘는 책장을 찾아갔다고 믿었는데, 나중에 세어보니 우리가 런던에서 들렀던 도서관이나 서점은 여덟 군데에 불과했다.

도심 곳곳에서 책을 만나는 건 흐뭇한 일이다. 책이 점점 입지를 잃어 가고 있는 안타까운 현실에 희망의 증거로 활활

타오를 수 있는 귀한 장면이기 때문이다. 그렇다고 영국의 책 문화가 유난스럽지는 않다. 오랜 시간 책을 품어 온 나라인 만큼 책을 두고 야단법석을 떨지는 않는다.

우리가 처음으로 찾은 영국 도서관 The British Library은 영국 왕실의 자료, 대헌장 원본, 성서 필사본 등 장서만 1,700만 권 이상인 곳이다. 모두에게 개방된 로비 중앙엔 왕족의 혈통이 흐른다. 조지 3세의 장서가 진열된 킹스 라이브러리 King's Library가 6층에 달하기 때문인데, 주변 책걸상에 앉아 공부하는 평범한 영국인들의 책장 넘기는 소리가 기품 있게 들릴 정도다.

'저들 중에서 조지 오웰, 마크 트웨인, 버지니아 울프, 조앤 롤링이 탄생하겠지?'

이곳을 스쳐 간 문학가들이 찰나에 오버랩되기도 한다.

돈트 서점은 여행 책자에 특화된 영국의 독립 서점 체인이다. 메릴본 Marylebone 지점은 특히나 우아한 실내 인테리어로 정평이 자자하다. 삐걱이는 헤링본 바닥을 따라 입장하면 높은 층고의 천장 중앙 창문에서 자연광이 쏟아진다. 계단을 따라 내려가면 아시아 코너가 나오는데 이곳에서 Korea와 Seoul을 찾아 헤매던 아이들은 마침내 보물을 찾았다는 듯 소리쳤다.

"엄마, 여기 한국 책이 있어요. 작가 이름이 한강이래요. 와~ 자랑스럽다."

한국, 서울, 한강…. 어쩜 이리도 잘 맞아떨어지는지.

돈트 서점의 노팅힐 지점은 영화의 인기에 힘입어 붐비는 노팅힐 서점을 피하고 싶을 때 추천할 만한 장소이다. 단층짜리 평범한 서가의 모습을 하고 있지만, 책이 삶이고 삶이 책인 이곳은 영국인의 책 문화를 정면에서 관찰할 수 있는 그런 곳이다.

"여보~ 아까 서점에서 딸하고 책 고르던 엄마 봤어? 그 딸 대단하더라. 엄마가 이 책 좋아할 거라고 한참 권했는데 끝까지 그 책 말고 자기가 봐 둔 다른 책 사겠대."

동화 구연에 가깝게 기를 쓰고 책을 소개하는 엄마를 대차게 거절하는 딸의 지조 넘치는 모습, 어린이마저 확고한 독서 취향이 있다는 걸 엿볼 수 있었다.

그 외에 기차역에 있는 서점과 미술관, 박물관, 그리니치 천문대에 딸린 서점들을 방문할 때마다 하나같이 떠오른 질문은 오직 한 가지였다.

'어떻게 책이 런던의 일상에 스며든 걸까?'

그 해답을 문학가에게서 찾았다. 셰익스피어와 조앤 롤링 Joan K. Rowling. 과거 영국 곳곳에서는 셰익스피어의 책과 연극이 절찬 상영 중이었고, 현재는 도시 곳곳에서 조앤 롤링의 해리포터를 만나 볼 수 있다. 책이 드높은 위상을 지닐 때만 볼 수 있는 광경이다.

문학이 연극이 되고, 영화가 되고, 상품이 되어 세계화되는 걸 목격한 영국인들이 문학가에게 신뢰와 존경을 보내는 일은 당연한 이치다. 그럴수록 본질을 잃지 않은 좋은 책이 만들어지는 풍토는 단단해져 책은 그들의 자부심이 된다. 휴대폰의 습격에 책이 밀려나는 현실에도 책이 사라질까 전전긍긍하기보단 세상을 구원할 책이 분명 나타날 거란 믿음으로 제2, 제3의 셰익스피어, 조앤 롤링을 조급하지 않은 마음으로 기다릴 줄도 안다. 그게 바로 책을 일상으로 만드는 무한궤도이다.

19세기 영국의 역사학자였던 토머스 칼라일 Thomas Carlyle은 그의 저서 『영웅 숭배론』에서 셰익스피어를 향한 찬사의 글을 남겼다.

> "(당시 그들의 통치 아래에 있던) 인도는 언젠가 시간이 되면 사라질 테지만, 셰익스피어만큼은 우리 곁에 영원히 함께 머무를 것이다. Indian Empire will go, at any rate, some day; but this Shakspeare does not go, he lasts forever with us."

이 문장은 차츰 의역되어 '셰익스피어는 인도와도 바꾸지 않겠다'라고 알려지며 셰익스피어를 향한 영국인의 자부심을 대변하는 한 줄로 남게 되었다. 우리의 셰익스피어는 누구일까? 나는 잠자코 셰익스피어와 조앤 롤링을 기다릴 작정이다.

WHSmith 서점　The Bookshop by WHSmith

Modern Classics
Children's Non-Fiction
Children's Books
Celebrating
Women's Writing
Buy 1 Get 1 Half Price
ELIF SHAFAK
ELIF SHAFAK
Happy
Birthday

DAUNT BOOKS
83
HIGH TIME
THE WAGER
MONEY MEN
TWO NIGHTS IN LISBON
CHRIS PAVONE
LOUISE ERDRICH
KATE ATKINSON
CLEOPATRA AND FRANKENSTEIN

돈트 서점 메릴본 Daunt Books Marylebone

영국 도서관 The British Library

영국 박물관 The British Museum

돈트 서점 노팅힐 Daunt Books Notting Hill

INDIA
ASIA
CHINA

그리니치 천문대　Royal Museums Greenwich

UNIVERSE
ATLAS
BLACK HOLES
DARK SKIES
STARGAZING
ON THE ORIGIN OF TIME

테이트 모던　Tate Modern

VINTAGE POSTERS £35
Don't
MY DAY IN SMALL DRAWINGS
DRAW 500 AWESOME ANIMALS
ARTIST EVERY DAY
Big School of Drawing Workbook
Big School of Drawing
ADVANCED DRAWING
SKETCH

브라이튼 Brighton

도서관 놀이터

*

엄마들 사이에서 종종 펼쳐지는 갑론을박이 있다.

‘도서관에서 아이에게 큰 소리로 책 읽어 주는 엄마, 이대로 괜찮은가?’

대화의 흐름 양상을 보면 갑론을박이 아니라 일방적으로 갑론이 내내 이어진다. 공공장소에서 큰 목소리로 책을 읽어 주는 건 예의 없는 행동이며 나아가 민폐가 확실하다는 게 그들의 판결문이다. 몇 년이 지나서야 뒤늦게 을박을 시도하는 송구스러운 마음이지만, 브라이튼을 기점으로 나의 기조는 이렇게 바뀌었노라 고백한다.

‘도서관에서 아이에게 큰 소리로 책 읽어 주는 엄마, 이대로 괜찮다.’

책장 곁의 소음이 반가웠던 첫 장소는 브라이튼 근처의 ‘세븐 시스터즈’라는 절벽이었다. 벽면의 석회질 성분이 파도에 깎여 하얀 속살을 드러내는 이 절벽은 희한하게도 절벽 아래의 잿빛 자갈과 대비를 이뤄 눈을 뜨고 꿈을 꾸는 듯 몽환적인 풍경을 연출한다. 이국적인 정도를 넘어 다른 행성에 온 것 같은 신비로움에 사람들은 저마다 파도 곁에서 보기 좋게 들뜬다. 풍랑에 넋을 잃다시피 한 관광객을 커피 향으로 맞이하는 곳은 절벽 위에 있는 오래된 단층 오두막이다. 절반은 기념품 가게이고, 절반은 식당인 '벌링 갑'이라는 카페다. 추천 메뉴는 무엇인지 모르겠으나, 분명한 매력 포인트는 벽면을 가득 채운 책장이다. 세븐 시스터즈의 파도를 녹인 듯한 고상한 파란색 책장에 장르별로 분류된 장서가 꽂혀 있어 마침 책이 고팠던 커피광들을 신나게 해준다. 적은 기부금만 내면 책을 살 수도, 그저 뽑아서 읽을 수도 있다. 책장 앞엔 궁금한 손길이 즐비하다. 보란 듯이 시끌벅적한 카페 안이라 조용히 해야 한다는 규칙도 없어 절벽에서만큼 책장 앞에서도 들뜬 분위기가 느껴진다. 책이라고 엄숙하게만 대할 필요는 없지 않을까?

책장 곁 소음을 이해 못 했던 나의 바윗돌 같은 편견을 브라이튼 해변의 자갈처럼 잘게 부순 두 번째 장소는 주빌리 도서관이다. 브라이튼 해변에서 그리 멀지 않은 이곳은 관광객을 포함해 모두에게 거리낌 없이 활짝 문을 열어 주는 공공도서관이다. 해변 도시의 특색을 반영해 실내는 바닷속을 연상시키는 디자인으로 설계되었고, 파란 벽면에 해산물 장식들이 붙어 있는 사잇길로 책과 장난감이 넘쳐 탐험을 멈출 수 없도록 유혹한다. 당시 첫째 아들은 구호를 반복하며 시위를 이어가던 중이었다.

"왜 바다에 안 가고 도서관에 가야 해요?"

마음에 들 거라는 설득도 도통 통할 리가 없던 것이, 그날은 유럽에서 처음으로 바다를 보는 날이었다. 다행히, 억지로 끌고 간 주빌리 도서관 앞에 펼쳐진 광경은 아이의 마음을 녹였다. 아이가 자존심을 버리고 도서관을 신나게 누비는 데에는 3분도 채 걸리지 않았다. 흡사 백사장에서 조개껍데기를 발견하고 보물을 찾은 듯 기뻐하는 해맑은 아기처럼 보이기도 했다.

'왜 도서관이 들썩이면 안 되겠는가?'

수십 군데의 유럽 도서관에서 공통으로 목격한 게 있다면 그 어느 곳도 아동관을 구색만 갖추는 모양새로 대충 지어놓은 곳이 없었다는 점이다. 아동을 위한 전문 사서를 두고, 철저하게 책의 구성과 배치를 관리하며 시에서 예산을 많이 받아내기라도 한 듯 활동지나 놀잇감을 늘 넉넉하게 배치해 놓는다. 또한, 저마다 개성을 살려 특화된 인테리어를 적용하고 활동을 통해 책을 친화적으로 만들려는 의도를 공간에 가미한다. '실내 정숙'과 같은 표지판은 상상하지 못하도록 일반 열람실과 완전히 분리한 자리에서 소음을 허락한다.

독서가 정적인 자세로 침묵을 통해 이루어져야 한다는

규칙에 얽매이면 에너지를 발산해야만 직성이 풀리는 어린아이에게는 아주 고약한 형벌로 여겨질 수 있다. 책을 친구로 만들어 주겠다고 기껏 도서관에 데리고 가서 태도를 단속하고 통제해 버리면 아이는 독서에 흥미를 잃게 된다는 말이다. 이것이 지독히도 고리타분한 책의 탄생 과정이 아닐까? 반대로 도서관을 놀이터처럼 이용한 아이들에게 도서관이란 놀이터보다 더 놀거리가 많은 신나는 장소로 다가온다. 비가 오나 눈이 오나 놀 수 있는 실내 공간에서 책은 장난감이 되고 활동지는 놀잇감이 되기 때문이다. 적어도 이곳에서 책을 지루한 물체로 여기는 어른은 생겨나지 않을 거란 뜻이다.

책을 좋아하는 아이는 책이 있는 놀이터가 키워 낸다.

벌링 갑 카페　Birling Gap Cafe

벌링 갑 카페 Birling Gap Cafe

Café
& Visitor
Centre

Library
Brighton & Hove
City Council
Jubilee Library
Café
Domenica

주빌리 도서관　Jubilee Library

에든버러 Edinburgh

포토벨로 서점

The Portobello Bookshop

에든버러 센트럴 도서관

Edinburgh Central Library

워터스톤즈

Waterstones

폴커크 Falkirk

폴커크 공공도서관

Falkirk Public Library

더블린 Dublin

듀브레이 북스

Dubray Books

아일랜드 국립 미술관

National Gallery of Ireland

트리니티 칼리지 도서관

Trinity College Library

피어스 스트리트 도서관

Pearse Street Library

업스테얼즈 서점

Books Upstairs

아이슬링 서점

Aisling Family Bookshop

자이언츠 코즈웨이 Giant's Causeway

워터스톤즈

Waterstones

Scotland
Ireland
Northern Ireland

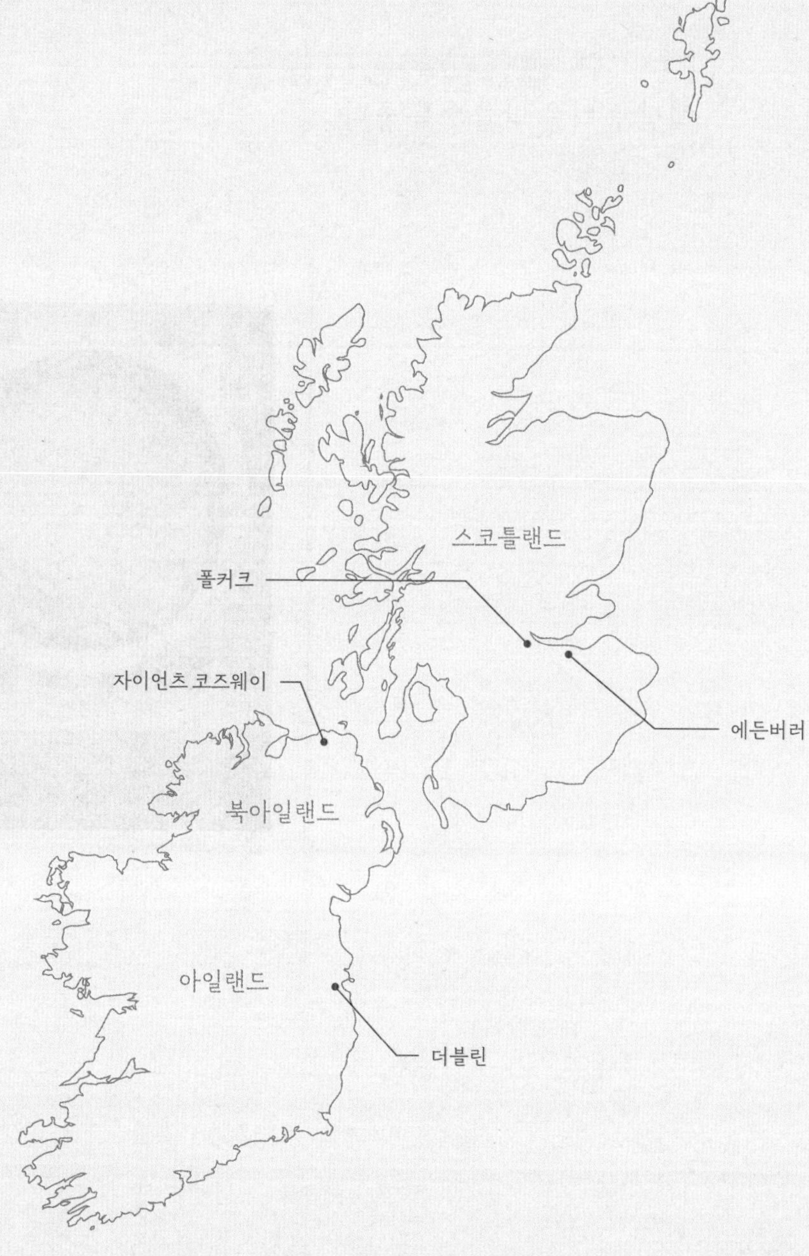

스코틀랜드
폴커크
자이언츠 코즈웨이
에든버러
북아일랜드
아일랜드
더블린

에든버러 Edinburgh

책장 문턱은 낮을수록 좋다

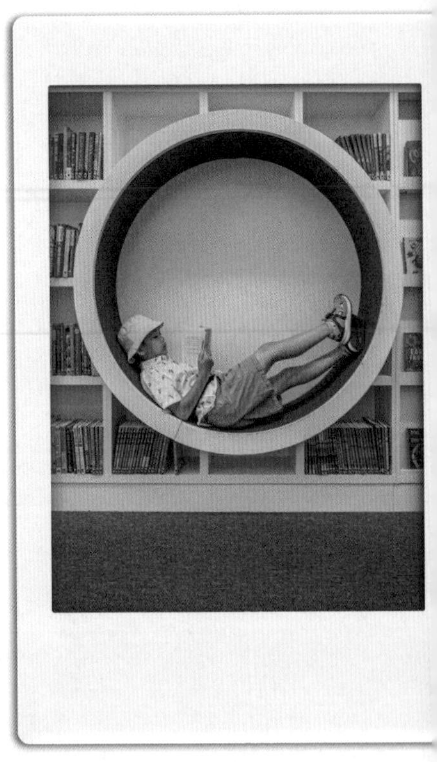

*

런던에서 기차로 다섯 시간이나 걸려 도착한 에든버러는 골목을 잘못 들어서면 갑옷 입은 기사와 마주치겠단 착각이 들 만큼 중세 시대 건축물이 오롯이 보존되어 있다. 런던보다 더 영국적인 정취를 가진 도시라 일컬어지지만, 개인적으론 지극히 스코틀랜드인, 한 마디로 완전 다른 세상이었다. 운 좋게 맑은 날만 이어지던 런던과 달리 날씨는 변덕스러웠고, 현지인의 고약한 영어 악센트와 옷 매무새까지 더욱 딱딱한 느낌이라 이 정도면 적응했다 생각했던 영국 생활이 초기화되었던 곳이다. 끝인 줄 알았던 이방인의 경험이 반복되자, 이방인을 뜻하는 'Stranger'와 'Alien'을 '여기서 나만 이상한 사람', '외계인처럼 생긴 사람'으로 해석하고 싶을 만큼 낯섦과 긴장감이 적잖이 스트레스로 다가왔다. 그나마 주요 목적지가 책이라는 동질감으로 연대할 수 있는 도서관이나 서점이란 사실이 우릴 위로했다.

그런 도서관에도 은근한 긴장감이 도사릴 때가 있다. 바로크 양식의 화려한 벽면 장식을 지닌 건물의 유려한 자태는 궁궐에 처음으로 들어서는 신하가 느꼈을 법한 초조함을 남기고, 묵직하고 웅장한 정문과 샹들리에 아래 열람실의 정적은 기를 꺾는다. 유서 깊은 건물이 주는 근엄함을 이겨내지 못한 걸음걸이는 결국 촌스러워지고 만다. 서점도 마찬가지다. 주인이 관상만 훑고도 책을 사지 않을 고객을 걸러 낼 거라고 지레짐작해, 머뭇머뭇 구경하러 들어가는 첫걸음이 불편하기만 하다. "서점이 정말 멋진데, 사진을 찍어도 될까요?"라고 묻기까지 마음에선 각오를 다지며 긴장감과 싸우느라 호흡을 가다듬는 시간이 필요하다. 이러한 이방인의 마음을 헤아린다면 도서관이나 서점만큼은 문지방을 한껏 낮춰 외국인 고객을 대환영 해줘야 마땅하리라. 책을 좋아하는 사람끼리 그 정도는 암묵적으로 합의된 것이 아닌가.

이런 촌사람들의 근심을 날려준 건 에든버러 센트럴 도서관의 경비 아저씨였다. 도서관의 열람실은 예상대로 천장이 아주 높고 왕실에서 썼던 것 같은 샹들리에가 달려 있었으며, 값나가 보이는 책들이 가득해 그런 풍경이 익숙지 않은 우리를 압도했다. 책장을 넘기는 소리는 또 왜 이리 크게 들리는 것인지 신경이 곤두선 우리는 눈총받지 않았는데도 서둘러 빠져나와 다음으로 배회할 장소를 훑고 있었다. 그때 저쪽에서 "직진해서 한 층 아래로 내려가세요."라는 말이

들려와 고개를 돌려 보니 경비 아저씨가 자상한 얼굴로 "어린이 전용관 찾는 거 아니에요? 아래에 있어요."라고 말을 이었다. 그제야 긴장이 풀린 우리는 그에게 다가가 괜한 대화로 물꼬를 텄고, 스코틀랜드에 애착마저 느꼈다. 경비 아저씨가 없애 준 문턱을 사뿐하게 지나 동화책과 챕터북이 있는 숲속 디자인의 열람실에 머물렀던 그날이 우리가 외국 도서관을 더 이상 눈치 보지 않고 자연스럽게 드나든 첫째 날이었다.

에든버러 여행이 런던에서의 경험과 가장 대조적인 건 숙소에서 바로 바다가 보인단 점이다. 유럽 해안가에서는 일광욕을 즐기며 손에서 책을 놓지 않는 독서광을 자주 볼 수 있는데, 수요에 맞게 근처엔 으레 서점이 있다. 에든버러 대표 해변인 포토벨로 비치에서도 본격적으로 해변에 들어서기 전 대로에서 서점을 만날 수 있다. 상가 창문에 공중 부양하듯 누워 책을 읽는 남자의 일러스트가 있어 포근한 환영 인사를 받는 기분이 든다. 서점 내부는 폭이 좁은 대신 안쪽으로 길게 뻗어 있어 점진적으로 들어가며 차례차례 책장을 탐독하기에 알맞다. 제일 안쪽엔 동화 속 세상처럼 꾸민 아동관이 나오는데 책에 빠져 지나치게 물색없이 편하게 자리 잡은 아이들 덕분에 주섬주섬 살 만한 책이 없나 찾아볼 정도였다. 책을 좋아한다는 사실이 생업에 양해를 구하는 이유가 되어선 안 될 테니까.

허나 쓸데없는 짓이었다. 이곳을 방문한 동양 아이들이 많지 않았다는 특혜가 작용한 건지, 책방 주인은 아이들을 바라보며 나긋한 미소를 지어 줬고, 나가는 순간까지 눈을 맞추며 밝게 인사를 전했다. 설령 그것이 오스카 여우주연상급 연기력이었다 할지라도, 그런 환대를 경험한 사람에게 서점 출입은 더 이상 긴장되는 일이 아니게 된다.

책장의 문턱은 일단 낮아야 한다. 책장의 높은 문턱을 핑계 삼아 마음 놓고 책을 멀리할 사람들은 얼마든지 널렸을 테니까 말이다.

포토벨로 서점 The Potobello Bookshop

2
3
4
5

센트럴 도서관 Central Library

워터스톤즈 Waterstons

Waterstones
Waterstones

폴커크 Falkirk

노인을 위한 나라는 있다

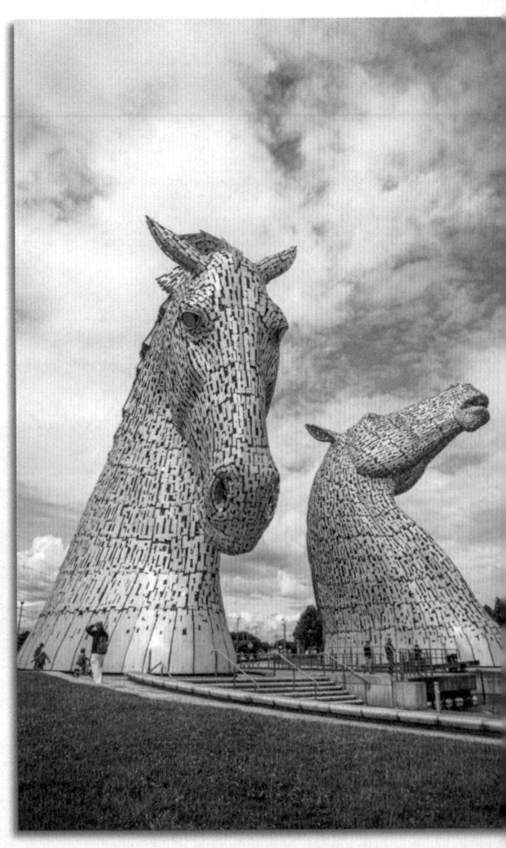

*

영국에서 한 달이 넘는 시간을 보내며 가장 많이 들었던 말이 'Lovely'이다. 짤막한 찬사를 보낼 때 미국인들이 쓰는 'Beautiful, Awesome, Amazing' 대신 신사답게 어조에 힘을 실어 간결하게 말하는 감탄사다. 이토록 간결한 'Lovely'에 가장 어울리는 영국 도시를 하나만 말하라면 폴커크를 꼽겠다. 에든버러에서 기차로 40분이면 도착하는 이 도시는 기차역에서 내려 주변을 휙 돌기만 해도 도시를 다 봤다고 할 정도로 작고 사랑스러웠다.

기차역에서 처음 만난 현지인은 여든이 넘어 보이는 검은색 가죽점퍼 차림의 할아버지였다. 상상 그 이상으로 훨씬 단출한 도시라 운행하는 버스가 있기는 한지 물으러 다가가자, 반색하는 얼굴로 우리를 기차역 바깥 세상으로 끌고 나갔다.

"켈피스 Kelpies를 가겠다고? 보다시피 작은 동네라 두 시간 정도 천천히 걸으면 갈 수 있어."

걷기에 이골이 난 우린 소스라쳤지만, 이 동네에 무지한 어린 양들을 구원했다는 듯한 표정에 찬물을 끼얹을 순 없어 슬금슬금 걸어가는 척하며 작별 인사를 했다. 자신이 쓸모 있는 사람이 되었다는 기쁨에 다정할 대로 다정해진 할아버지의 얼굴은 그렇게 폴커크의 첫인상이 되었다.

버스를 찾아 타고 마침내 도착한 켈피스! 30미터 높이의 말 머리 조형물 두 개가 역동적으로 어우러져 주변 도시와의 화합을 상징한다. 폴커크의 대표 랜드마크로 우뚝 선 철골 구조물이다. 연신 탄성이 쏟아지는 곳이지만 푸드 트럭에서 사 온 커피를 마시며 감상하기엔 30분이면 충분했다. 그보다 도시를 속속들이 파헤치길 원하는 우리는 도시의 단면을 함축한 도서관으로 서둘러 발길을 돌렸다. 폴커크가 낳은 작가 앨런 비셋 Alan Bissett이 자신을 작가로 만들어줬다며 공을 돌렸던 곳이자, 철강왕 카네기의 기부로 건물이 완성되었다는 폴커크 공공도서관을 향하여!

붉은 벽돌의 현대식 외관에 비해 실내는 다소 아담한 이 도서관은 1층엔 작가와의 만남, 벼룩시장, 음악회, 사생 대회 등 주민을 위해 짜놓은 프로그램 안내문이 붙어 있었고, 2층 열람실로 들어가니 대문짝만하게 'Falkirk'가 찍힌 지도가 우릴 환영해 줬다. 주민들의 도시를 향한 애정을 짐작할 수 있었다. 심지어 프린트 업무를 보는 곳과 교통카드를 발급해 주는 창구도 있어 이곳이 도서관인지 주민 센터인지 헷갈리기도 했다. '이 정도로 멀티 플레이어로서 일하는 사서는 도대체 누구일까'라는 혼잣말을 내뱉을 즈음 사서들 대부분이 할머니란 점이 눈에 띄었다. 교통카드 발급 업무를 하는 분도, 아까부터 우리 가족에게 다가올 듯 말 듯 유심히 관심을 주던 분도 여든은 족히 넘어 보이는 할머니들이었다.

문화의 중심이라 할 수 있는 도서관을 할머니들이 관장하는 모습을 보니 그들이 도시 역사의 산증인으로 인정받는 것 같아 나이는 그저 숫자에 불과해졌다. 노인의 역량이 과소평가 되는 일은 절대 없을 폴커크는 바로 노인을 위한 나라였다. 돌이켜 보면 유럽 어디서나 노인은 카페에서 꼿꼿하게 커피를 마시고, 수영장이나 바다에서 수영을 즐기며, 도서관 제일 좋은 자리에서 책을 읽고, 길거리에서 토론을 즐길 정도로 모든 장소에서 당당하기만 했다. 나이를 제한하는 곳은 적어도 내 시야엔 한 군데도 보이지 않았다.

이 세계관 부럽지 아니한가. 장소가 나이를 제한한다는 건 참, 슬픈 일이다. 사정이야 이해가 가면서도 막상 '노키즈 존'은 단어만으로 서럽고. 암묵적으로 노인이 출입을 거부당하는 장소들은 씁쓸함을 남긴다. 서로 한 발짝 물러서 어우러지면 될 일을 말이다. 폴커크는 켈피스 조각이 뜻하는 바처럼 도시 전체의 화합을 위해 노인에게 책을 맡겼다. 그게 바로 모두가 쓸모 있어져 최대로 행복해지는 방법일 거라 믿으면서 말이다.

노인이 모두와 행복하게 사는 나라를 만든 폴커크야말로 모두를 위한 나라였다. 이 도시에서 깨달은 감동을 한마디로 요약하라면, 내가 말하지 않았던가?

Lovely~!

폴커크 공공도서관　Falkirk Public Library

폴커크 공공도서관 Falkirk Public Library

Falkirk
Hallglen
Glen Village

더블린 Dublin

책폐소생술 마케팅

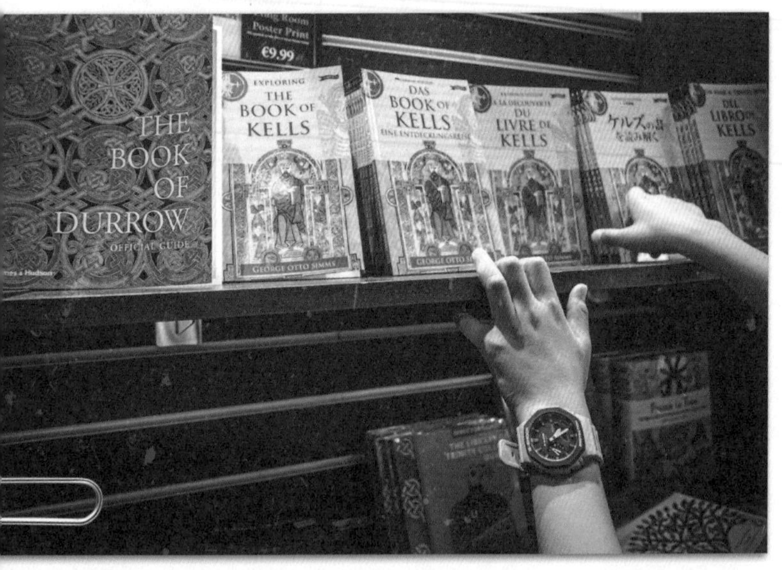

*

과감한 색감의 도시 벽화가 흐릿한 하늘색을 지우고, 버스킹 성지의 열기가 생선 장수 몰리 말론 Molly Malone의 구슬픈 가락을 뒤덮으며, 멀끔하게 우뚝 선 현대식 건물이 기근 동상의 애환을 잊게 만드는 도시가 더블린이다. 특히 젊은이들의 활기가 넘치는 오코넬 거리에 묵직하게 서 있는 더블린 첨탑 Spire of Dublin은 8백 년 넘게 영국에 지배당한 고단했던 역사를 뾰족하게 찔러 악착같이 날려버리는 듯한 쾌감마저 준다. 120미터에 달하는 바늘 모양의 이 첨탑은 아일랜드의 국내 총생산이 영국을 따라잡은 걸 기념해 2003년에 세워진 기념물이다. 온화한 낯빛 뒤에 숨겨진 아이리시맨의 저력은 도시 곳곳에 스며 있었다.

저력은 출판 마케팅에서도 빛난다. 만약 책이 안 팔려 고민이라면, 더블린 연수를 떠나는 게 어떠하겠느냐 제안할지도 모르겠다. 이미 짐이 꽉 차 책을 사지 않고 안간힘으로 버티던 우리의 지갑을 처음으로 열리게 했던 곳이니까 말이다.

운이 좋게도 더블린엔 세계적으로 유명한 도서관이 하나 있다. '세계 최고의 도서관', '세계에서 가장 아름다운 도서관'이란 검색어에 빠지지 않고 등장하는 트리니티 칼리지의 롱룸 Long room이 그것이다. 세월을 머금은 갈색 서재가 2층으로 길게 뻗은 이곳은 해리포터의 촬영지가 되면서 더욱 명성을 얻었다. 서양 최고의 걸작 캘리그라피라 불리는 『켈스의 서』가 있단 사실도 놓쳐서는 안 될 대목이다. 아일랜드의 국보이기도 한 라틴어 복음서가 보여 주는, 손으로 그린 마법 같은 글씨체가 롱룸이 자랑하고 싶어 하는 진짜 보물이니까 말이다. 아쉽게도 우리가 갔을 땐 보존을 위해서인지 서가의 고서들 90퍼센트가 제거되어 휑한 책장이 우릴 맞이했지만, 세계가 인정하는 유서 깊은 장소에 왔다는 자부심이 차올라 저절로 '켈스의 서를 봤노라' 인증하고만 싶어졌다. 마치 내 입맛에 별로였던 맛집도 주변에서 너도나도 이야기한다면 가봤다고 자랑하고 싶어지는 그 심리처럼 말이다. 명징한 존재감은 그 자체로도 마케팅이 되는 듯하다.

그들의 저력이 묻어나는 마케팅은 서점에서 찾을 수 있다. 목 좋은 상권을 선점하며 경쟁적으로 성장해 나가고 있는 아일랜드의 대표 서점 체인인 듀브레이 Dubray와 이슨 Eason의 공통점은 손 글씨로 책을 소개한다는 거다. 벽면

책꽂이 군데군데 직원들이 손으로 작성한 책의 후기를 붙여 놓았는데, 궁금해서 읽다 보면 그 책을 사야 할 것만 같은 충동에 휩싸인다. 삐뚤빼뚤 글씨체가 수려한 수준도 아닌데, 얼마나 재미있길래 손으로 저렇게 꾹꾹 눌러 썼나 궁금해져, 『켈스의 서』에서 본 화려한 손 글씨를 마주할 때처럼 소비를 부추긴다.

전문적인 수다쟁이 직원이 마케팅에 한몫 한다는 사실도 놀라웠다. 일례로 듀브레이 서점에서 딸에게 줄 동화책을 고르는 손님에게 여러 분야의 책을 총망라하며 추천하는 직원을 본 적 있다. 빠져들어 엿듣다 하마터면 "그 책 제가 살게요."라고 돌발 행동을 할 뻔했다. 책을 잘 알고 있다는 전문가가 자신만만하게 소개하는 책을 저 집 아이에게 빼앗길 수는 없는 노릇이지 않은가.

부슬부슬 비가 내리던 더블린의 마지막 날, 공항에 가기 두 시간 전 들렀던 업스테얼즈 Upstairs 서점에서 우리는 마지막 마케팅 비법을 알아냈다. 이틀 전 우연히 이 서점에 들렀다가 본 바구니에는 비밀스럽게 포장된 책 꾸러미가 럭키박스처럼 들어 있었다. 흥미롭게도 포장된 책 앞에는 책에 대해 말해주는 단서가 쓰여 있었는데, '봄날이 갔다고 기죽지 말아요. 가라앉는 배에서도 나와 함께 웃어줄 수 있는 누군가를 찾을 거예요.', '하늘엔 낭만이 있고, 지평선엔 구름이 있네. 스캔들은 불어오는데….'와 같은 기가 막히게 참신한 문구들이었다. 공항 가기 전 호텔에 짐까지 맡기면서 서점을 다시 찾기에 충분한 몇 줄이 아닌가. 우리의 지갑은 마침내 더블린에서 열렸다.

마케팅을 풀어 말하면 제품이 시장에 나가 고객에게 팔려 나가도록 하기 위한 모든 활동의 총칭이다. 한 단어로 대체할 말은 없지만, 굳이 한마디로 정의해야 한다면 나는 '확신'이라고 말하겠다. 책을 파는 사람조차 이 책이 확실히 좋다고 믿을 만큼의 '자기 확신'.

피어스 스트리트 도서관 Pears Street Library

AWARD
WINNER

피어스 스트리트 도서관　Pears Street Library

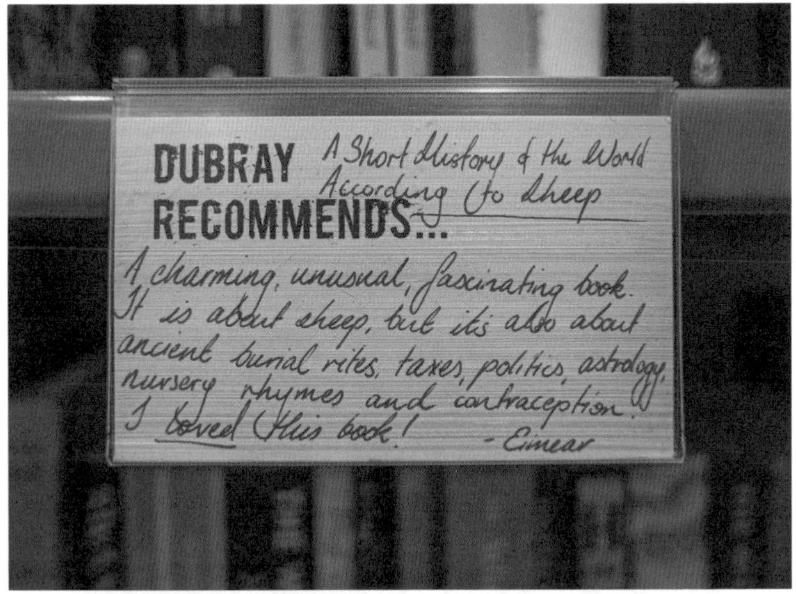

DUBRAY RECOMMENDS...
A Short History of the World
According to Sheep
A charming, unusual, fascinating book.
It is about sheep, but its also about
ancient burial rites, taxes, politics, astrology,
nursery rhymes and contraception!
I loved this book!
- Eimear

듀브레이 북스　Dubray Books

아일랜드 국립 미술관 National Gallery of Ireland

nn
mm
ll
kk
ii
hh
gg
ff
ee
dd
cc
bb

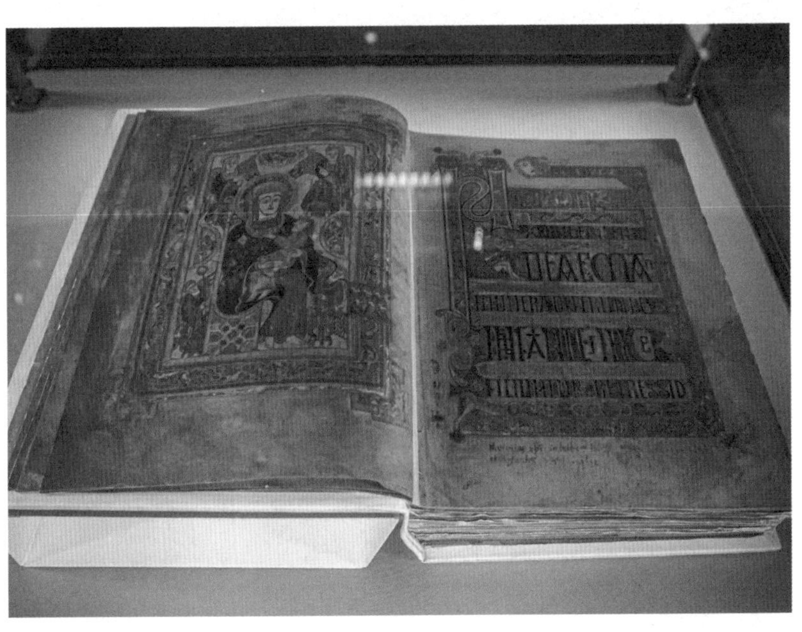

트리니티 칼리지 도서관 Trinity College Library

업스테얼즈 서점 Books Upstairs

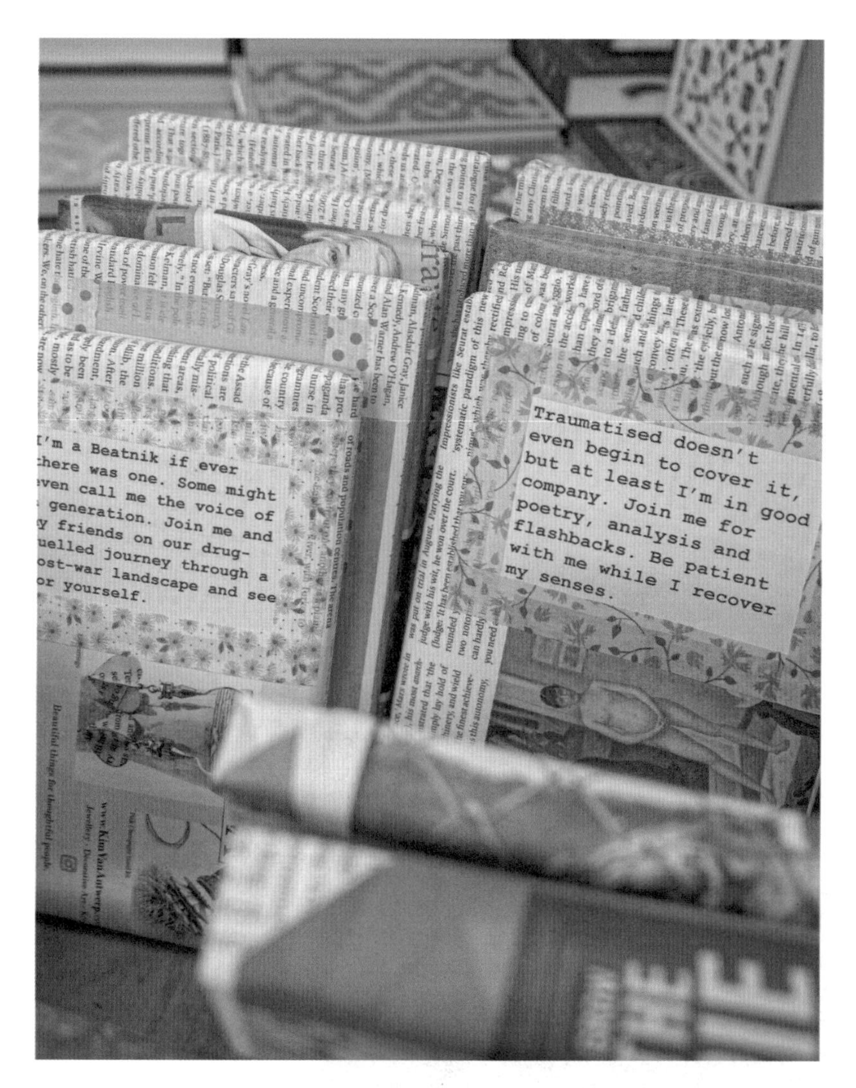
'm a Beatnik if ever
here was one. Some might
ven call me the voice of
generation. Join me and
friends on our drug-
uelled journey through a
ost-war landscape and see
or yourself.
Traumatised doesn't
even begin to cover it,
but at least I'm in good
company. Join me for
poetry, analysis and
flashbacks. Be patient
with me while I recover
my senses.

자이언츠 코즈웨이 Giant's Causeway & 벨파스트 Belfast

쉬어 가는 페이지

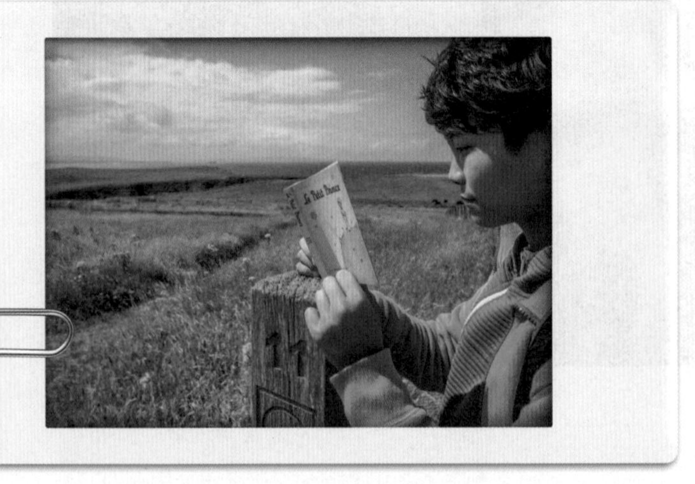

*

올 것이 왔다. 여행의 3분의 1이 지날 즈음 예고도 없이 '위기'가 찾아왔다. 쉬어감을 목표로 했던 여행이 쫓기듯 이어지는 일정으로 권태로워질 참이었다.

"렌터카고 뭐고, 다 취소하고 현지 여행 프로그램에 예약해서 절벽이나 보고 오자."

우리는 계획을 세우는 걸 멈추고 편하게 여행사 버스에 몸을 맡겨 아일랜드 서쪽의 모허 절벽에 다녀오기로 했다. 맙소사! 이렇게 확실하게 쉬게 될 줄이야! 강풍을 동반한 비가 몰아쳐 절벽은커녕 왕복 여덟 시간을 버스에서 머문 기억만 남긴 채 나들이는 허무하게 끝났다. 고이 들고 간 카메라가 민망해 보이기라도 했는지 아들은 휴게소에서 자리를 비운 아저씨의 책을 가리키며 이렇게 말했다.

"엄마, 저 아저씨는 아까부터 버스에서 책을 읽고 있었어요. 저 책이라도 찍어 봐요."

아이가 책을 보고 눈을 반짝였으니, 소득이라면 소득이었다. 아쉬운 마음에 며칠 뒤 어느 여행사의 자이언츠 코즈웨이 상품을 예약하며 재도전장을 내밀었다. 북아일랜드판

주상절리라는 이곳은 육각 기둥이 제주도보다 몇 배는 더 크고 광활하게 솟아나 북아일랜드 최고의 명소로 꼽힌다. 비만 내리지 않아도 좋겠다며 이른 새벽 주섬주섬 가방을 싸고 있을 때 놀라운 일이 벌어졌다. 아들이 가방에 『어린왕자』 책을 챙기고 있는 게 아닌가. 마음껏 쉬자고 가는 투어에 책을 집어 들다니. 휴식이 몸과 마음을 노곤하게 만들어 책을 귀하게 바라보는 여유를 생기게 했던 것이다.

안 그래도 우리 여행에서 책은 실로 귀한 품목이었다. 20킬로그램이 넘지 않게 짐을 싸야 했던 우리가 캐리어에 넣어 올 수 있는 책은 엄선을 거친 작고 가벼운 세 권에 지나지 않았다. 그 어떤 물자도 풍요로울 리 없었지만 그중 가장 초라한 개체수였던 책은 아나바다 운동을 해야만 했다. 아껴 읽고, 나눠 읽고, 바꿔 읽고, 다시 읽고.

감칠맛을 이기는 유일한 맛이 감질나는 맛인가 보다. 강박증에 걸린 사람처럼 성실이란 푯말을 앞세워 빨빨거리며 도서관, 서점을 찾아다닐 때보다 작정하고 쉬는 시간에 아이는 책 한 권을 골라 자기 주도적으로 읽어 내려갔다. 심지어 자이언츠 코즈웨이의 거친 파도 소리가 들려오는 절벽 끝에서도 책을 읽었고, 북아일랜드의 수도라며 내려준 벨파스트에선 스스로 '워터스톤즈 Waterstones'라는 영국의 체인 서점에 들어가길 원하기도 했다. 한 권의 책이 그 어떤 웅장한 책장보다 위대해진 순간이었다.

어떤 일을 쉬지 않고 내내 열심히만 한다면 그 끝엔 매너리즘, 슬럼프, 번아웃이란 이름의 권태가 따라붙는다. 성실했을 뿐인데 이런 가혹한 결말이라니 세상 이치가 야속하지만, 모든 일엔 쉬어 가는 페이지가 필요하다. 책을 읽을 때도 우리가 격정적으로 활자에 집중하게 해 주는 역할은 간지나 삽화처럼 쉬어 가는 페이지가 담당한다. 잠깐의 쉼이 머릿속을 환기해 오히려 다음에 올 내용에 더 몰입하도록 만들기 때문이다. 만약 책에 그 어떤 여백이나 공백도 없다면 띄어쓰기가 없는 문장을 볼 때처럼 우리는 권태를 넘어 책과 절연하는 날을 맞이할 게 뻔하다.

한국에 돌아왔을 때 우리가 처음 정리했던 물건은 아이들 책장에 꽂힌 수북한 전집 몇 세트였다. 책은 좋은 것이란 명제와 많이 읽으면 더 좋을 거라는 확신에 일단 채우고 봤던 부모의 욕망이 깃든 증거물을 확실히 인멸하기 위해서였다. 성실이란 이름이 모든 해결책이 될 수는 없다. 거금을 들여 권태를 선물하는 대신 쉬어 가는 페이지를 마련할 줄도 알아야 한다. 자이언츠 코즈웨이의 빼곡한 육각 기둥 자리에 책이 꽂혀 있었더라면 그날이 아이들로 하여 책과 절교를 선언케 하는 날이 되지 않았을까?

자연이 빚은 선물, 자이언츠 코즈웨이

워터스톤즈 Waterstones

More books
upstairs
ground
ESPRESSO BARS
on the first floor

파리 Paris

루브르 박물관

Musée du Louvre

마자린 도서관

Bibliothèque Mazarine

베르사유 궁전

Château de Versailles

셰익스피어 앤 컴퍼니

Shakespeare and Company

아베이 서점

The Abbey Bookshop

보베 Beauvais & 니스 Nice

메종 드 라 프레스

Maison de la Presse

센트빌 도서관

Library Du Centre Ville

루이 누세라 도서관

Bibliothèque Louis Nucéra

라 소르본

La Sorbonne

몬테카를로 Montecarlo

프낙

Fnac

France Monaco

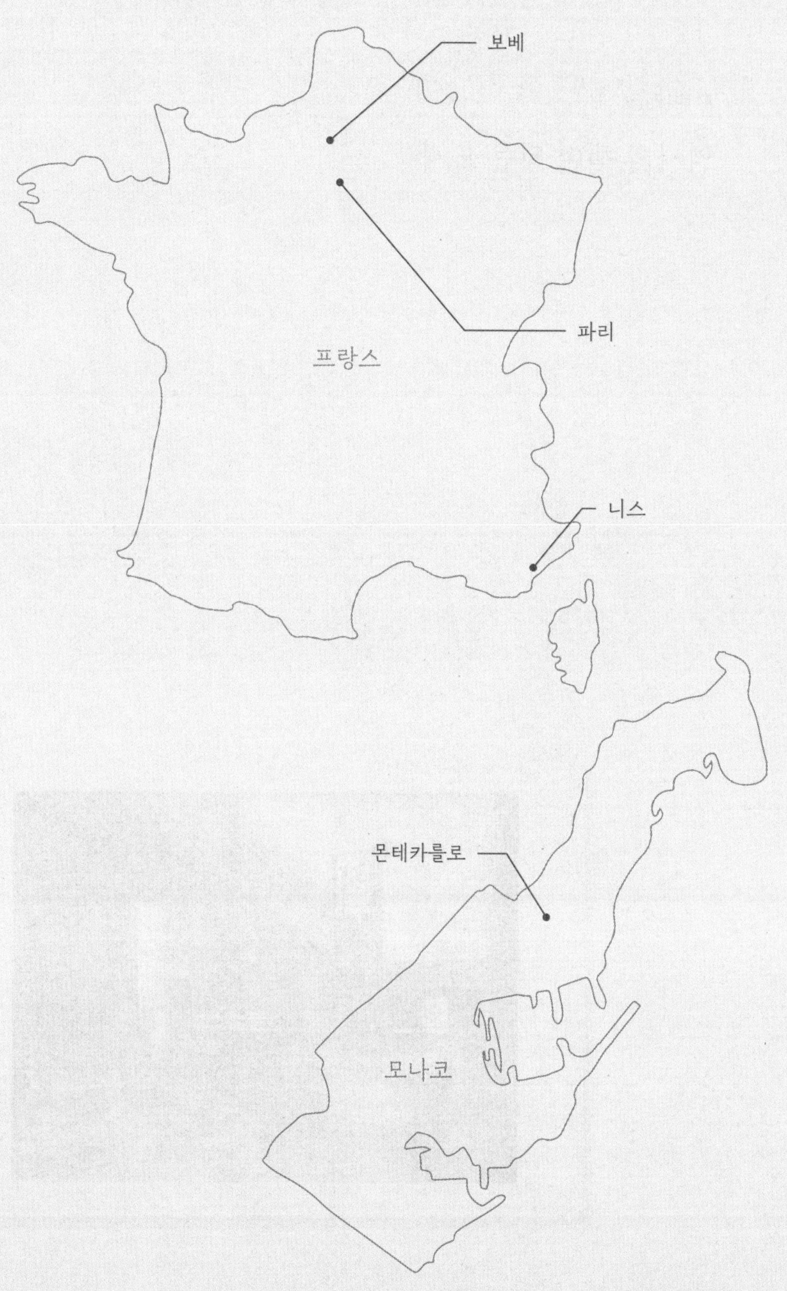
보베
파리
프랑스
니스
몬테카를로
모나코

파리 Paris

역사가 책이 되는 도시

*

도도한 개성, 말쑥한 해학, 명랑한 유산이 한데 모여 세계인을 끌어당기는 도시가 프랑스 파리이다. 파리 증후군이라는 말이 있듯이 기대했던 환상 대신 냄새나고 지저분한 길거리와 노숙자 소굴 같은 지하철역에 실망한 민심이 집중적으로 도시에 대한 악담 폭격을 날려도 파리는 무너질 기색이 전혀 없어 보인다. 난민들의 시위가 기승을 부린다며 도착하기 전부터 안내 문자 경보음이 수시로 울린 탓에 미리부터 애증을 안고 서슬이 퍼런 눈매로 중립을 유지하려 애써 봤지만 개선문·에펠탑·루브르·노트르담·베르사유…. 프랑스를, 파리를 인정하지 않을 수 없음에 탄식이 솟구친다.

"프랑스는 좋겠다. 역사가 찬란해서."

찬란한 역사가 있었다는 사실보다 그 역사가 현재까지 오롯이 이어진다는 사실에 연신 무릎을 꿇는 심정이 되는 이 도시에서 책장은 기어코 항복하는 마음으로 백기를 들게 하는 존재다.

"파리는 좋겠다. 책장마저 찬란해서."

파리의 3대 아름다운 도서관 중 하나로 알려진 마자린 도서관은 프랑스에서 가장 오래된 공공도서관이다. 17세기 추기경 마자린의 개인 도서관이었던 이곳은 희귀 서적과 필사본을 보유한 중대한 가치를 머금고도 전혀 도도하지 않게 활짝 서가를 공개한다. 입구에서 무료 방문 스티커를 발급받으면 누구든 시간제한 없이 내부를 둘러볼 수 있어 '이게 똘레랑스 Tolerance구나!' 싶어진다. 도서관 내부는 무어라 묘사하는 게 미안할 정도로 역사가 주는 숙연함이 있다. 토양 빛을 머금은 온화한 갈색 서가가 'ㄱ'자 형태로 뻗어 있고, 한쪽 끝 지구본이 놓인 자리에 다다르면 그 뒤로 품격 높은 응접실이 자리하고 있어 역사의 한 장면처럼 다가온다. 책장에 대고 90도 폴더 인사를 해야 마땅할 영광스러운 방문이었다.

파리에서 루브르 박물관을 건너뛰는 건 상상도 못 할 일이다. 그것이 비록 한참을 기다려 유리창에 갇힌 모나리자를 보는 허무함에 그칠지라도 세계유산을 거부할 수는 없는 법이다. 궁을 개조해 만든 박물관은 계단 한 폭, 복도 한편까지 호사롭기만 하다. 다만 아쉬운 건 방문객에 치여 평화로운 관람이 어렵다는 점인데, 다행히 박물관 내부엔 드넓은 서점이 있다. 감질났던 모나리자는 루브르 끄트머리의 드넓은 책장에서 활자가 되어 우리를 향해 오묘한 미소를 짓는다.

세계사에 거대한 획을 그은 루이 14세의 화려한 별장인 베르사유 궁전은 그것이 지닌 위세가 하도 당당하여 본능적으로 역사를 뒤적거리게 만드는 힘을 지닌다. 평소 역사에 관심이 없던 부모라도 이곳에서만큼은 역사학자의 마음으로 역사를 파고들게 된다. 그런 유서 깊은 장소를 빠져나오기 직전 베르사유를 닮은 우아한 서점을 만날 수 있다는 건 역사가 선물한 축복이라는 생각마저 든다.

이미 서점을 넘어 세계적인 명소가 된 셰익스피어 앤 컴퍼니는 입구부터 끝도 없이 대기 줄이 늘어서 있어 당혹감을 안기는 곳이다. 헤밍웨이가 무명 작가였던 시절 그에게 마음껏 책을 보도록 허락한 이 서점의 주인장이 원망스러울 정도로 말이다.

지독하게 유명한 이곳을 피해 여유를 좇아 찾아간 곳은 바로 근처에 있는 아베이 중고 서점이었다. 서점의 최초 주인은 1989년 캐나다에서 건너온 브라이언 스펜스 Brian Spence로 중세 파리의 책 거래 중심지였던 이 자리에 서점을 열었다. 책장 간격은 한 사람이 서 있기도 빠듯해 빠져나가려면 한쪽 책장에 어깨를 밀착해야 할 정도로 비좁지만, 역사적인 중고 서점과 한 공간을 공유한다는 생각에 싱긋거리게 된다. 지하로 내려가는 계단은 마치 광산의 갱도처럼 온통 곡괭이로 돌을

파낸 듯한 모습으로, 그것이 바로 모두가 탐내는 오랜 역사의 흔적이다.

역사가 살아 숨 쉬기에 책장 만한 곳이 또 어디에 있을까?

셰익스피어 앤 컴퍼니 Shakespeare and Company

SPEARE AND COMPANY
EXIT
&
'Click and collect' pick up
SORTIE
&
retrait des commandes
(Is it night?
Are we here
alone?)
It is I
you hold,
And who
holds you;
I spring
from
the pages
into
your
arms..
Walt
Whitman

루브르 박물관　Musée du Louvre

L'ART À TOUT PETITS PAS
je vois
j'ai peur
je miaule
je cherche
j'ai l'air
je trouve
je suis
je compte
j' entends
je miaule
j' entends
j'ai l'air
j' entends
je trouve
je suis
je cherche
j'ai peur

DAN BROWN

ATTENTION
LE SURSIS
RETOUR
HISTOIRE D'AMOUR
LA CHARTE D'ATHÈNES
BUG O'SHEA
SOLEIL du DIMANCHE
SOLEIL du DIMANCHE

센강의 중고 서적 가판대

마자린 도서관 Bibliothèque Mazarine

L'ART DE LA LECTURE
L'Horloge enchantée
LE SANG DES MIROIRS
NICOLAS LE FLOCH
LEMAIRE
PEINTRES
FANNY DESCHAMPS
LA BOUGAINVILLE
UN CARROSSE NOMMÉ DÉSIR
Femmes inspirées, femmes inspirantes
Odile Jacob
1792, LA FEMME ROUGE
JEAN des CARS
Meurtre au café de l'Arbre Sec
MICHÈLE BARRIÈRE
Meurtres au Potager du Roy
CHANTAL THOMAS

베르사유 궁전 Château de Versailles

아베이 서점 The Abbey Bookshop

보베 Beauvais & 니스 Nice

독자를 끌어모으는 디자인

*

파리엔 파리지앵이 없다. 거추장스러울 정도로 늘어난 관광객과 이주자 때문에 누가 파리지앵인지 분간이 도통 어렵다. 주객이 전도되어 다양한 국적의 사람들이 봉주르를 전하니 에펠탑이 없었다면 파리라는 걸 확신하기 힘들 정도였달까. 파리지앵은 오히려 보베와 니스에 넘쳐났다. 문화유산도 많고 관광도 발달했지만, 그것이 파리만큼은 아닌 탓에 프랑스 특유의 색채와 개성을 온전히 간직한 보베지앵·니스지앵을 만날 수 있는 곳이 이 도시들이다.

프랑스인들은 디자인 분야에서 그들의 미적 감각을 꽃피웠다. 현대 도시의 기본색이 회색이라면 프랑스의 도시들에는 고급스러운 베이지색 대리석이 바탕에 깔린다. 그 위에 올라간 건물은 도저히 말로는 풀어 쓸 수 없는 프렌치 색으로 채색된다. '분홍'만 하더라도 '복숭아의 잘 익은 부분과 덜 익은 부분 경계에 있는 다소곳한 분홍색', '분홍색 물감이 갱지에 스며들어 햇볕을 투과할 때 보이는 분홍색'처럼 규정짓기 힘들지만 어찌 되었든 간에 아름다운 그 어떤 색이다. 디자인을 돋보이게 만드는 이러한 색감 덕에 프랑스의 도시들은 유독 풍요로워 보인다.

보베의 골목과 거리는 고급스러우면서도 깔끔하게 정돈돼 있으며 여행자는 누구나 유산 대부분을 도보로 즐길 수 있다. 작지만 알찬 도시는 무료로 즐길 수 있는 테마파크 같다. 피에르 성당을 지나자마자 눈에 들어오는 이름 모를 광장은 바닥부터 분수까지 대리석으로 치장되어 왕실의 정원처럼 보드라운 품위가 느껴진다. 특히 분수에서 터져 나오는 샘물은 조용한 광장을 맑은 생기로 가득 채운다.

분수의 이면에 자리한 '메종 드 라 프레스'라는 자그마한 서점은 이 광장의 고급스러운 디자인 덕을 톡톡히 누리고 있었다. 직역하면 신문 잡지 가게라는 뜻인 이 서점은 이름처럼 신문과 잡지를 파는 곳인데, 요즘 인기가 시들해진 종이 신문이 아침마다 팔려 나가 동이 나는 곳이다. 우아한 분수와 원래부터 한 쌍이었던 듯 우아한 자태의 건물이 아침부터 교양을 찾는 사람들을 충족시키는 듯했다. 아름다운 디자인이 멸종한 줄 알았던 신문도 팔아 내는구나!

셍트빌 도서관을 찾아가는 길목에서는 프렌치 색감에 덮인 전통 가옥들의 독특한 구조가 눈길을 끈다. 벽에 나무로 된 보를 대어 장식한 모습이 놀이동산처럼 느껴지기 때문이다. 도착한 도서관 역시 곡선을 강조한 디자인에 프렌치 스타일 색감이 더해져 지나가는 이의 시선을 사로잡는다. 아마도 이것이 잠에서 깬 지 얼마 안 된 부스스한 아이들이 아침 일찍부터 도서관을 닳도록 찾게 하는 원동력이 아닐런지.

니스의 디자인은 또 어떤가! 프랑스 남부 최대의 휴양 도시인 이곳은 휴가철만 피한다면 니스지앵의 밝고 쾌활한 매력까지 도시 디자인의 한 요소처럼 누릴 수 있는 곳이다. 주의할 점은 아름다운 바닷가에 마음을 빼앗겨 도시를 겉핥기 해선 안 된다는 거다. 방문객이 루이 누세라 도서관 같은 탁월한 공간을 놓치는 건 정말이지 유죄니까 말이다. 독자의 수요를 감지한 시의회의 노력으로 2002년 개관한 이 도서관은 촘촘한 네트워크와 상설 전시로 지역 최대의 문화시설로 꼽히기도 한다. 일정을 조정하면서까지 이곳을 찾은 이유는 사각형 얼굴 Square Head 때문이었다. 길가에 느닷없이 등장하는 거대한 사각 머리 건물은 세계 어디서도 본 적 없는 독특한 모습인데, 건축물이 얼마만큼 진화할 수 있는지를 가감 없이 보여준다. 미래에서 온 듯한 이 도서관을 본 우리는 정말이지 무죄다.

오직 디자인만 보고 찾은 또 다른 장소가 라 소르본 서점이다. 유리 지붕은 실내를 독보적으로 밝게 만들어 책 숲을 산책하는 기분이 들게 해 준다. 얻지 못할 책은 없어 보일 정도로 숲은 방대하며 우거지기까지 했다. 여타 지역에선 구하기 힘든 독특한 문구류까지 준비되어 있어 쇼핑백이 허전할 틈을 주지 않는다. 원어로 쓰인 『어린왕자』와 기념품을 기어이 사게 만드는 디자인이었다.

작가의 철학을 바탕으로 쓰이는 게 책이라면, 디자이너의 철학을 바탕으로 그려지는 게 디자인이다. 디자인에 환호하는 건 단순히 시선을 강탈해서가 아니라 디자인을 입히려는 노력이 성의로 다가오기 때문이다. 공간을 허투루 쓰지 않는 그 마음이 책을 골라주는 안목에도 작용할 거라고 믿으면서 말이다. 하여간 아름답고 볼 일이다.

루이 누세라 도서관 Bibliothèque Louis Nucéra

plein ciel
maisondelapresse

메종 드 라 프레스　Maison de la Presse

셍트빌 도서관 Library Du Centre Ville

ouviens-tu
de Wei ?

라 소르본 La Sorbonne

Droit
Sciences humaines
Polars
Science - fiction
Que sais-je ?
Le Poche
MARABOUT

몬테카를로 Montecarlo

유럽의 교보문고

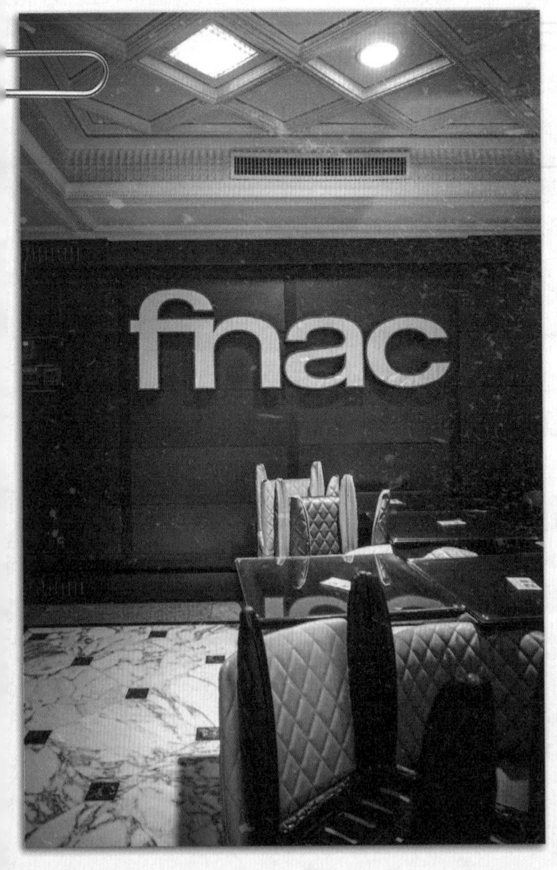

*

세계에서 두 번째로 작은 나라 모나코는 모든 게 속전속결로 돌아가는 우리와 닮은 점이 많다. 카지노, 슈퍼카, F1은 물론 IT 강국인 한국을 따돌리고 세계에서 인터넷 속도가 가장 빠른 나라로도 우뚝 서 있어 '유럽이 아닌가?'라는 이질감마저 느껴진다. 자고로 유럽이라 하면 인터넷은 다소 느리고, 답답하고, 작고 검소한 차들이 도로에 흔해야 하는데…. 모나코에서는 아날로그가 살아남을 가능성은 거의 없어 보인다. 이를 증명이라도 하듯 이 부자 나라엔 자국의 서점 체인 브랜드가 없다. 인구 3만 6천 남짓의 나라에 서점 브랜드를 기대하는 것도 비효율적인 게 사실이고 말이다.

영국의 워터스톤즈 Waterstones, 아일랜드의 이슨 Eason, 독일의 후겐두벨 Hugendubel, 미국의 반즈 앤 노블즈 Barns & Novels, 일본의 기노쿠니야 Books Kinokuniya, 중국의 조인트 퍼블리싱 Joint Publishing에 대적할 대한민국의 교보문고가 있는 건 아찔한 위로일 수밖에 없다. 종종 이렇다 할 서점이 없는 나라를 볼 때면 있어야 할 문화유산이 없는 듯한 허전함에, 촘촘하게 발달한 도시 문명을 두고도 '껍데기는

가라'라고 외치고 싶은 심정이니까 말이다. 책을 즐겨 읽지 않는 사람들에게도 광화문의 교보문고는 문화와 만남의 장소로 기억되며, 퇴근 시간이 오후 3시였던 내게 강남역의 교보문고는 방황하는 청춘을 달래주던 공간으로 기억 속에 남아 있다. 책이 있던 그곳이 많은 이의 인생 맛집이었던 것이다.

교보문고의 창업주 신용호 회장의 일화는 대한민국의 책 문화와 관련해 제일로 알려져야 할 얘기다. 일본의 앞선 서점 문화가 그에겐 일평생의 한이자 뛰어넘을 목표였다고 한다. 서울의 노른자위 땅 한복판에 대한민국을 대표할 서점 하나쯤은 있어야 한다며 두터운 신념을 무기로 반대를 물리치며 1980년 광화문에 교보문고 시대를 연 장본인이 그였다. 백범 김구 선생이 한없이 원했다던 높은 '문화의 힘'이 절반 이상 이뤄진 때라고 봐도 무방하다. 그런 교보문고가 안타깝게도 2019년 적자로 전환된 뒤 실질 소유주인 교보생명의 자본 충당으로 근근이 유지해 나가는 실정이다. 참지 못하고 터져 나오는 탄식은 오직 하나다.

"말도 안 돼!"

모나코에서 만난 프낙 Fnac은 교보문고를 떠오르게 했다. 프랑스 문화를 가늠하는 척도로 여겨진다는 서점 체인 프낙이 몬테카를로 복판에 자리 잡았단 현실이 가까운 미래의 우리

모습처럼 느껴져서다. 그나마도 휴일이라 굳게 문이 닫힌 프낙을 뒤로 하고 챙겨온 『어린왕자』를 가방에서 주섬주섬 꺼내 읽으며 요트가 차곡차곡 정박한 항구 도시를 바라보자니 이 풍경이 모순 같기만 했다. 애니메이션 '마다가스카 3'에 나왔던 빈곤함이란 없던 모나코를 내 얼마나 오래도록 그리며 기대했는데, 책과 관련된 공간이 이토록 빈곤할 줄이야.

나라를 대표하는 대형 서점 체인이 있다는 건 책이 건재하게 살아남을 가능성이 높다는 방증이다. 교보문고가 광화문에 자리를 잡자 영풍문고와 반디앤루니스가 뒤를 잇고, 개성 넘치는 독립 서점들도 성행하게 된 시절을 기억한다. 문화의 힘은 그때가 최절정이 아니었을까. 결코 과거의 호시절을 그리워하는 마음이 아니다. 교보문고와 같은 서점 브랜드가 있다는 사실이 우리나라에 얼마나 큰 문화적 자부심으로 작용하는지 알았으면 하는 마음에서다.

견디지 못할 미래의 모습은 이러하다. 교보문고가 있던 자리에 키노쿠니야가 대신 문을 열어 책 제목과 작가 이름이 이질적인 무언가로 뒤바뀐 모습, 쏟아지는 해외 작가들에게 책 판매 순위 꼭대기를 내주는 지금과는 비교도 안 되게 한국 책과 작가가 설 자리를 잃고 문화를 잠식당한 그 모습은 차마 견딜 수 없을 것 같다.

빼앗긴 '글'에도 봄은 오는가?

« Enfants ! Faites attention aux
pour avertir mes amis d'un danger
depuis longtemps, comme
connaître, que j'ai tant travaillé ce
leçon que je donnais en valait la
demanderez peut-être : Pourquoi n'y
ce livre, d'autres dessins aussi
dessin des baobabs ? La réponse est
J'ai essayé mais je n'ai pas pu réussir.
siné les baobabs j'ai été animé par le

몬테카를로 도시 전경

Les baobabs.

Netherlands Denmark Estonia

암스테르담 Amsterdam

해피 부키맨

Happy Bookieman

코펜하겐 Copenhagen

덴마크 왕립 도서관

Det Kgl. Bibliotek

탈린 Tallinn

탈린 중앙 도서관

Tallinn Central Library

포흐얄라 리드

Põhjala REaD

뤼텔 앤 마틸다 영어 서점

Rüütel & Matilda English Bookshop

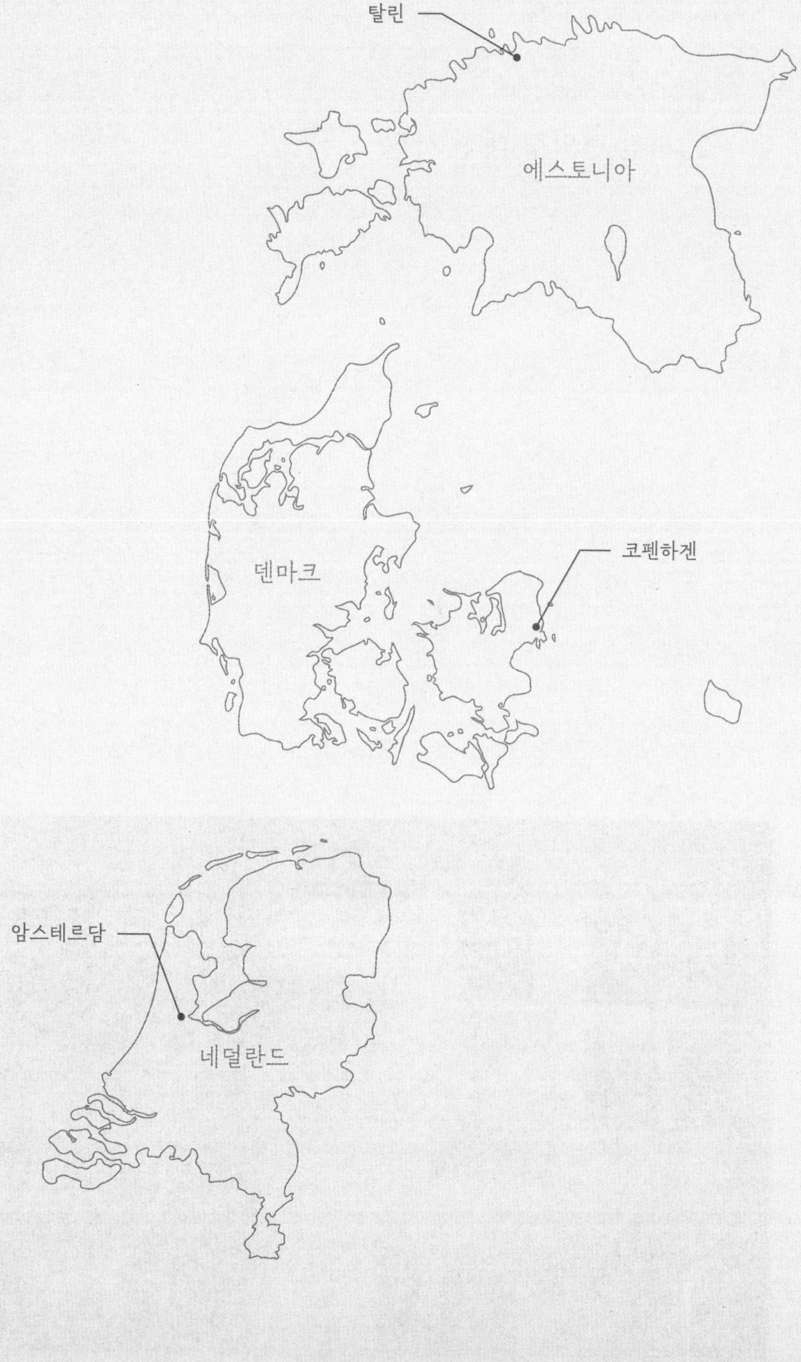

탈린

에스토니아

덴마크

코펜하겐

암스테르담 Amsterdam

24시간 편의점 대신 서점

*

"여기 사람들은 왜 이렇게 친절해?"

짧게 머무르던 암스테르담에서 열다섯 번쯤 했던 말이다. 영어가 잘 통해 굳이 배우지 않아도 되는 네덜란드어를 하관까지 풀어가며 진지하게 연습했던 까닭도 그들의 친절에 화답하기 위함이었다. 다른 나라에서 인종 차별이나 불쾌한 경험을 했던 건 아니지만, 무채색을 벗어던진 따뜻한 이들의 표정과 말투는 그냥 쉬어가려던 네덜란드를 유독 발목이 아프도록 돌아다니게 한 연료였다. 과거 박해받은 사람들을 품어주며 관용을 펼쳤던 네덜란드라 현재도 유럽에서 인종 차별이 가장 없는 나라로 꼽힌다는 그 말이 몸소 체감되었다.

"우리 조상님들 그러시면 안 됐지. 하멜을 그렇게 오래 잡아 두고 그러면 돼?"

1653년 제주도에 표류하여 13년 동안이나 조선에 억류되었다가 목숨을 걸고 탈출했다는 하멜이 네덜란드인이잖은가! 우리에겐 유럽에 최초로 조선을 알린 인물로 알려졌지만, 원본에 쓰인 내용만 봐도 그가 겪은 갖가지 고초는 가히 짐작되고도 남는다. 아이러니하게도 『하멜

표류기』는 유럽의 출판사가 앞다퉈 출간하기를 원하던 당대 최고의 베스트셀러였다. 책으로도 엮인 인연 깊은 나라에서 과분한 친절을 마주하고 있자니 괜스레 미안함이 밀려들었다. 밀려오는 오묘한 감정을 뒤로하고 우리는 이 친절한 도시의 '책'을 만나기 위해 좌표를 돌렸다.

암스테르담 시내에선 의외로 풍차나 튤립이 흔히 보이지 않는다. 대신 거미줄처럼 몇 겹으로 흐르는 운하와, 운하 양옆으로 늘어선 곡선미가 강조된 길쭉한 건물이 이 도시를 배회하는 사람들의 미적 감각을 깨운다. 물길을 따라 흘러 다니기만 해도 명화 속 오브제가 되는 듯한 그림 같은 장면이 이어진다. 길가에 만개한 풀꽃은 어딜 가나 흐드러지고, 풍차 끝에서 불어온 듯한 포근한 바람까지 도시의 풍경이 된다. 유일한 문제는 일요일이던 그날 문 연 도서관이나 책방이 없어 암스테르담 표류기를 쓸 뻔했단 거였다. 365일 24시간 문을 연다는 '해피 부키맨 Happy Bookieman' 서점이 없었더라면 말이다.

꼬불꼬불 도착한 서점엔 할아버지 고객에게 자신의 화풍을 설명하는 사장님이 입구에 서 계셨다. 자유로운 영혼에 지성과 친절이 묻어나는 사장님은 작은 점포에서 그림을 그리며, 책과 그림을 동시에 팔고 있는 독특한 운영 방식을 가진 이였다.

할아버지 고객이 주문하는 그림에 대해 상세히 의논하느라 발랄하게 등장한 우리가 방해꾼처럼 느껴졌을 텐데, 그 와중에도 외국인 가족에게 필요한 영어책 칸을 소개하는 일도 잊지 않았다. 친절한 사람은 그 어렵다는 인간관계를 조화롭게 이끈다는 점에서 사회적 지능이 높을 것이고 자연히 그의 말과 행동에 믿음이 간다. 덕분에 어수선하게 널린 작업 도구와 그림, 비좁은 실내를 꽉 채운 불규칙한 소품들이 감성의 결과물로 믿어졌고, 직접 그린 바스키아풍의 그림은 그를 천재로 보이게 했다. 암스테르담에서의 친절은 마법처럼 작용했다.

'부키 Bookie'는 책갈피라는 뜻이다. 행복한 부키맨은 24시간 고객이 부르면 언제든 문을 열어주며 고객이 필요한 책에 책갈피가 되어주길 자처한다. 편의점도 아닌 서점이 24시간 운영이라니 이미 그 자체로 희소가치의 매력을 지니지만, 모든 시간에 응답하는 방침은 최고의 친절이기도 하다. 이 순간이 아니면 다시는 못 올지도 모를 암스테르담에서 우리에게 책을 보는 시간을 허락한 유일한 장소가 '해피 부키맨'이었잖은가. 시간이 금이라면 금쪽을 내주는 친절을 베푼 것이다.

편의점 직원의 불친절에 관한 기사를 보고 남편과 이런 대화를 나눈 적이 있다.

"손님이 가게에 들어왔는데, 직원이 눈도 안 마주치고

휴대전화만 보다가 결제만 해주더래. 손님이 나가면서 짧게 인사를 했는데 인사도 받아주지 않더래. 친절은 의무일까, 아닐까? 직원의 행동은 잘못일까, 아닐까?"

남편은 예상 밖 촌철살인의 결말을 답했다.

"친절이 의무는 아니지. 자기 할 일은 다 했으니까 직원 잘못도 아니고. 대신 곧 사장님이 그 직원을 기계(키오스크)로 바꾸겠네."

기계로 거래되는 물건은 재화에 지나지 않는다. 서점만큼은 해피 부키맨이 운영해 줬으면 좋겠다. 종이책의 마지막 페이지까지는.

해피 부키맨　Happy Bookieman

코펜하겐 Copenhagen

시간 여행자의 도서관

*

덴마크의 코펜하겐엔 과거와 미래가 데칼코마니처럼 공존한다. 지상엔 왕을 지키는 근위병의 행진이 한창인데 지하 계단을 몇 발짝만 내려가면 느닷없이 첨단 디자인을 입은 쾌속 지하철이 24시간 달리고 있다. 총천연색으로 아름답게 단장한 뉘하운 Nyhavn 운하 옆 오래된 카페와 술집에선 중세 북유럽의 정취로 음료를 즐기는 소박한 유럽인들을 흔히 볼 수 있는데, 고풍스러운 운하 끄트머리 강 건너편에 보이는 건 초현대적인 왕립 오페라하우스 건물이다. 멈칫하게 되는 확연한 과거와 미래의 대비에 놀라 영화 속 시간 여행자가 되었다는 혼란마저 겪는다. 고작 덴마크 우유를 떠올리는 비루한 상상력으로 방문했다간 바이킹의 후예가 이룩한 진지하고 엄숙한 건축물에 보기 좋게 큰코다칠 도시가 코펜하겐이다.

이런 극적 대비의 압권은 코펜하겐 운하 옆에 있는 덴마크 왕립 도서관에서도 느낄 수 있다.

"도서관 옆에 집이 붙어 있어요."

눈썰미 좋은 첫째의 말처럼 도서관 건물은 두 채가 나란히 이어진 모습이다. 과거를 그대로 간직한 빨간 벽돌의 구관에 미래적인 신관을 증축해 과거와 미래를 건축물 안에 함께 담았다. 신관 외벽이 심해의 빛을 삼킨 은은한 검정을 띠어 '블랙 다이아몬드 빌딩'이라는 이름으로 더 유명한 이곳은 국립 도서관이자 대학 도서관이기도 하다. 직선미를 강조한 외관과는 대조적으로 내부는 흰색의 곡선미가 두드러져 안팎의 대비 또한 짜릿하다. 1층에는 고소한 빵 냄새가 진동하는 카페와 서점, 콘서트홀 등이 있어 공연장 분위기가 감돌고, 에스컬레이터를 타고 위층으로 올라가면 대형 창을 통해 운하를 볼 수 있는 이 도서관의 명당이 나온다. 한 컷의 장면을 찍기 위해 작정하고 고가의 장비를 챙겨 온 사진작가들을 무더기로 만날 수 있을 만큼, 장엄하면서도 미래 지향적 디자인의 정점을 하릴없이 누릴 수 있는 곳이다.

명당에서의 감상이 끝났다면 그때부터 뒤를 돌아 시간 여행자가 될 마음가짐을 먹어야 한다. 구름다리를 통해 구관으로 이어지는 통로는 급작스럽게 과거로 빨려 들어가는 구간이기 때문이다. 모던함의 극치는 온데간데없이 사라지고 옛 도서관 건물과 책들이 오래된 종이 냄새를 풍기며 어리둥절한 미래인들을 다정하게 맞이한다. 불과 몇 초 차이로 과거 세상이 된 이곳엔 체리나무 빛 갈색 책장과 고서들, 도서 목록 카드를 보관하는 서랍장이 세월을 이겨내고 잔잔하게 놓여 있어 시계를 거꾸로 되돌린다. 얼토당토않게 과거와 마주한 사람들은 좀처럼 의아함에서 벗어나지 못한 채 통로를 오가며 과거와 미래를 드나드는 시간 여행을 즐긴다. 그곳에서 과거를 익히고 미래를 대비하는 시간 여행자들은 현재에 머물지만.

덴마크를 대표하는 동화 작가 안데르센만큼이나 덴마크 국민의 가슴에 아련하게 남아 있는 철학자가 키르케고르이다. 구관의 정원에 세워진 키르케고르 동상이 그의 철학을 은은하게 설파하고 있는데, 명언 하나가 뇌리에서 잊히지 않는다.

> "인생은 과거를 통해 이해하는 것이지만,
> 미래를 향해 살아가는 것이다.
> Life can only be understood backwards,
> but it must be lived forwards".

인생의 그 무엇도 과거 없는 현재가 없고, 현재 없는 미래가 없다. 왕립 도서관에서 과거와 미래를 오가며 세상을 알아가는 인간이 현재였다면 과거와 미래를 대등하게 이어주는 책을 읽는 인간 또한 시간 여행자이자 현재이다.

덴마크 왕립 도서관 Det Kgl. Bibliotek

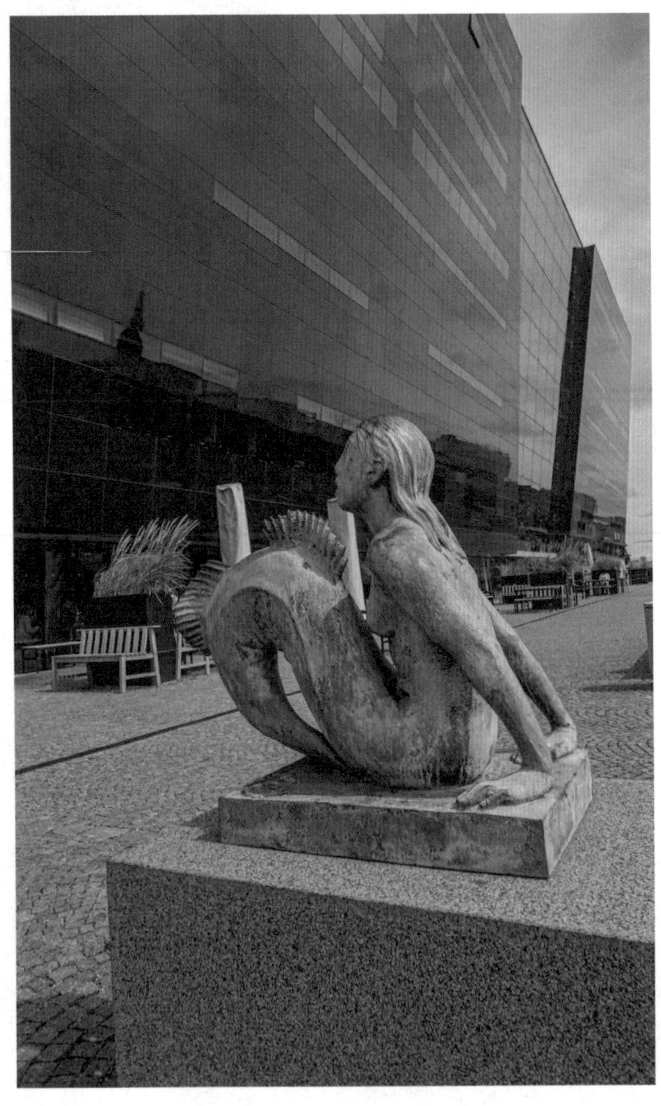

덴마크 왕립 도서관 Det Kgl. Bibliotek

탈린 Tallinn

진짜 책벌레가 나타났다

*

여행은 길눈을 밝히는 뜻밖의 장치이다. 예전이라면 감도 못 잡았을 '발트 3국'을 이제는 '에스토니아, 라트비아, 리투아니아'라고 입술이 의연히 나열하는 걸 보면 말이다. 에스토니아는 숙소가 있던 핀란드의 헬싱키에서 배로 세 시간이면 도착하는 바다 건너편에 있는 나라다. 가깝다는 이유로 친숙하게는 다가왔지만 사실 이 나라에 대해 아는 것이라곤 물가가 현저히 낮아 자기 키 높이만큼 맥주를 사 오는 관광객이 많다는 게 전부였다. 반나절 가볍게 돌아볼 요량으로 들렀던 에스토니아 탈린은 숙소를 잡지 않은 우리를 가장 한탄하게 만들었던 곳이다. 생각지도 못하게 많은 건 따로 있었기 때문이다. 자기 키 높이만큼 책을 쌓아 두고두고 읽는 유럽의 책벌레들!

본래 방문하기로 계획했던 곳은 탈린 중앙 도서관, 한 곳이었다. 시간적 여유도 없었을뿐더러 백 년 이상 된 도시 최초의 공공도서관을 둘러보는 일이면 충분하다는 판단에서였다. 도서관에서는 예사롭지 않은 독자들이 나의 사진 찍기를 방해하고 있었다. 초상권을 고려해 공간 사진만 찍길 원하는 내 앞에 책에 초집중하는 책벌레들이 우글우글 했기 때문이다. 계단을 올라 미술관 로비처럼 꾸민 복도에 가도, 나선형 계단에 올라 다락방처럼 꾸며진 서재에 가도 성가실 정도로 독서 중인 에스토니아인이 들어차 있어 그 성가심은 도리어 이 도시에 호감을 느끼게 했다. 결국 계획까지 바꾼 우린 거리가 멀어 선뜻 발걸음이 떨어지지 않는 서점에 가기 위해 트램에 황급히 올라탔다.

탈린 외곽에 위치한 포흐얄라 리드 서점은 길을 잘못 들었다는 의심이 극에 달할 때쯤 허름한 길가에서 발견되었다. 하필이면 창고형 외관이라 잘못 온 게 분명하다고 끈질긴 불신을 이어갈 정도였다. 그런 불신은 서점 입구에서 한 발 내디뎌 들어가는 순간 사라졌다. 2층 벽면에 책을 쌓아 만든 조형물도 눈부셨지만, 찾기 여간 번거롭고 힘든 게 아닌 이곳에 찰방찰방하게 사람이 붐빈다니 실화인가 싶었다. 요즘도 책을 읽는 사람이 있긴 있구나! 아니 숨이 막히도록 꽉 찼구나! 놀라움의 탄성은 연신 터져 나왔다.

서점 1층에 있는 팝아트 디자인이 가미된 카페를 보느라 여념이 없을 때 아이들의 호들갑 떠는 소리가 들려왔다.

"엄마~ 엄마~ 나와보세요. 진짜 깜짝 놀라실 거예요."

회색빛의 황량한 창고 건물 밖에 놀랄 게 무엇 있겠냐 의심도 잠시, 눈앞에 펼쳐진 건 벼룩시장에서 책을 건지려는 인파의 출렁거림이었다. 책을 향하는 그들의 혼잡함은 유럽에서 느껴본 최고의 어질한 감동이었다.

"에스토니아는 크게 성공할 나라인 거 같아."

혼잣말이 우렁차게도 흘러나왔다.

뜻밖의 책 사랑을 목격해 벅참을 안고 돌아온 탈린 시내에서 참한 걸음으로 도시를 둘러보다가 무의식적으로 이끌려 들어간 곳이 뤼텔 앤 마틸다 서점이었다. 창가에 책을 나열해 장식한 이곳으로 관광객이 몰리는 게 심상치 않아 경쟁적으로 휩쓸려 들어오게 되었다. 피아노·타자기·따스한 화풍의 액자·방명록까지 작은 내부는 볼거리가 빼곡하기만 했다. 찬찬히 둘러보고 서점 방명록에 흔적을 남기고 나와 마침 광장에서 숨을 고르려던 그때, 그 순간조차 우리 눈앞에 나타난 건 역시나 책이었다. 어째서 이 나라엔 도심 광장의 정중앙에까지 무료 책장이 있단 말인가.

발트 3국인 에스토니아는 북유럽 나라와 교류가 잦아 노르딕 국가로 분류되기도 한다. 한여름 북유럽 국가들의 가장 이색적인 풍경은 '백야'다. 그날부터 에스토니아는 우리에게 영국을 대신할 '해가 지지 않는 나라'가 되었다.

PERIOODIKASAAL

탈린 중앙 도서관 Tallinn Central Library

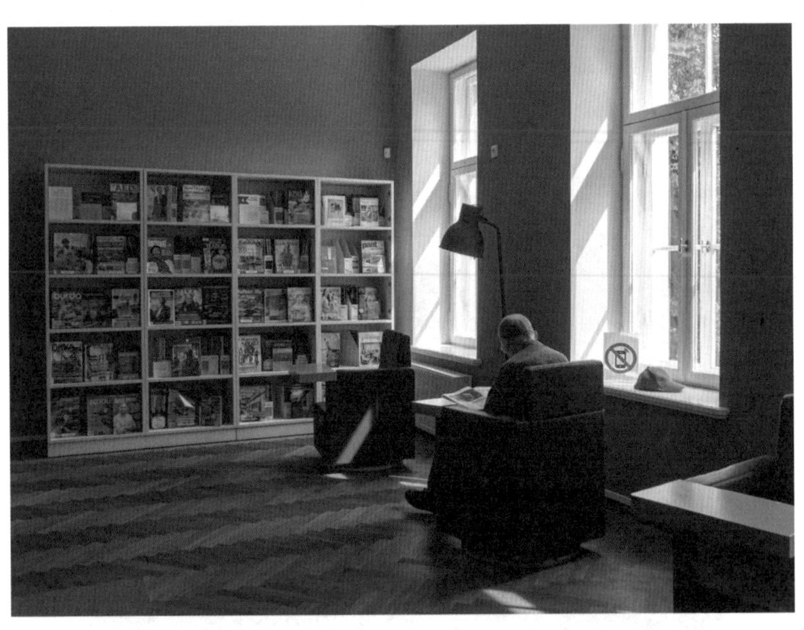

탈린 중앙 도서관 Tallinn Central Library

포흐얄라 리드　Põhjala REaD

뤼텔 앤 마틸다 영어 서점 Rüütel & Matilda English Bookshop

포흐얄라 리드 앞 벼룩시장

스톡홀름 Stockholm

스톡홀름 공립 도서관

Stockholm Public Library

코믹스 헤븐

Comics Heaven

노벨상 박물관

Nobel Prize Museum

헬싱키 Helsinki & 반타 Vantaa

리크하르딘카투 도서관

Rikhardinkatu Library

핀란드 국립 도서관

Kansalliskirjasto

헬싱키 중앙 도서관 우디

Helsinki Central Library Oodi

티꾸릴라 도서관

Tikkurila Library

로바니에미 Rovaniemi

산타클로스 마을

Santa Claus Village

Sweden

Finland

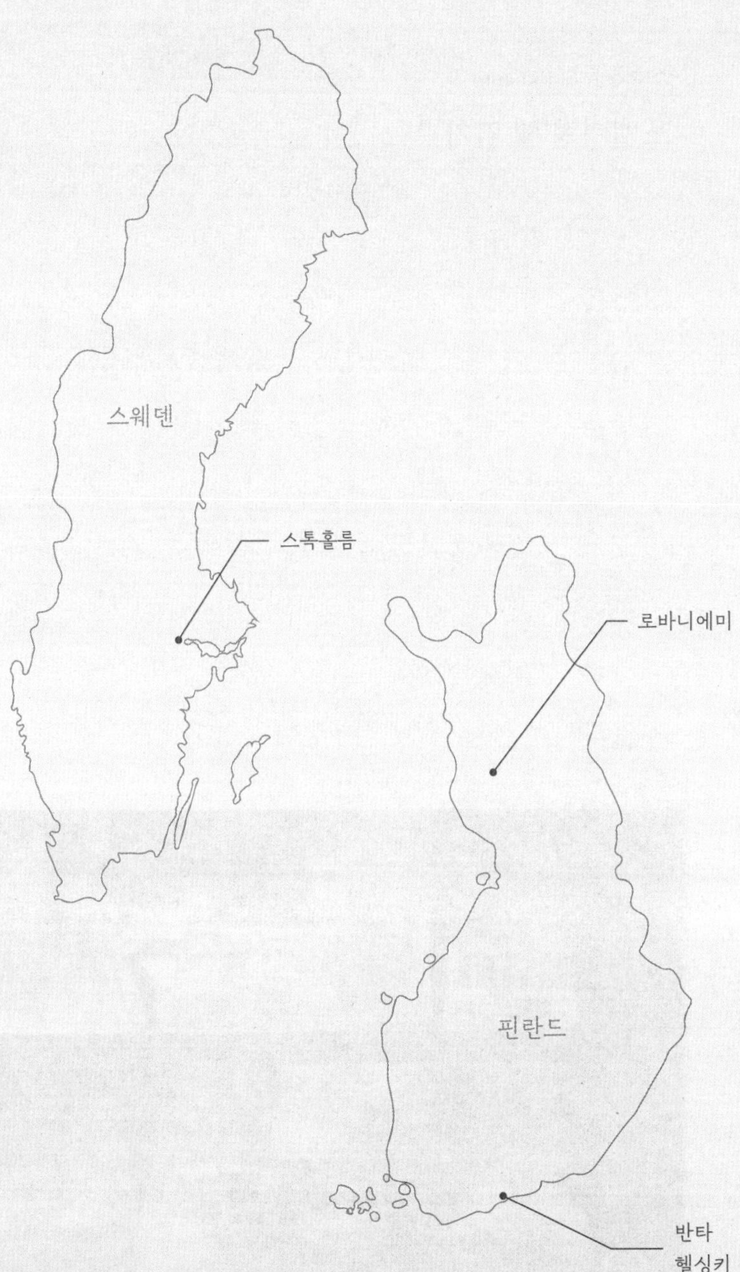
스웨덴
스톡홀름
로바니에미
핀란드
반타
헬싱키

스톡홀름 Stockholm

노벨처럼 책 읽기

*

스웨덴은 의외로 자랑거리가 차고 넘치는 나라이다. 그들이 만든 이케아·볼보·H&M은 세계 곳곳에 침투해 있고, 신화가 된 그룹 '아바 ABBA'의 노래는 여전히 세계인의 귓가에 맴돌고 있다. 광활하고 호젓한 스톡홀름에 해마다 전 세계인의 이목이 쏠리게 하는 또 하나의 자랑거리가 있다면 자신의 이름을 걸고 세상을 호령하는 노벨이다. 고작 한 명의 인간이 두고두고 인류의 업적을 증명한다니, 어떤 비유가 이 경이로움에 들어맞을까. 문화적, 산업적 경쟁력이 흐르는 이 도시에선 설산의 눈처럼 차갑지만 한편으론 따스해 보이는 다채로운 품격도 느껴진다.

도시에서 가장 먼저 발견한 책장은 스톡홀름 공립 도서관이었다. 아름다운 도서관 리스트에 빠지지 않고 등장하는 이곳은 넓적한 원기둥 형태의 건축물 내부에 책장이 360도 회전하며 열람객을 감싸는 형태로 설계되어 있다. 사진에서 보던 모습보다 압도적인 화각에 아득히 바보가 되어버리는 심정이다. 원형 바닥 중심에 서서 오르골의

발레리나처럼 그 자리를 몇 바퀴 돌고 난 후에야 원래 가려던 곳이 노벨 박물관이었단 사실이 떠올랐으니 말이다. 사방으로 열린 문을 통과하면 각기 다른 분위기의 열람실이 나오는데 누구에게나 책을 무료로 무한정 허락한다.

도서관을 빠져나와 박물관으로 향하던 중 또다시 발목이 잡힌 곳은 '코믹스 헤븐'이라는 만화 책방이었다. 유럽 전역에서 만화책은 책으로서의 권위를 인정받아 도서관에서도 크게 한 자리를 차지하는 장르인데 코믹스 헤븐엔 각국의 만화책이 시대별로 진열되어 있어 다양한 화풍을 보는 재미가 유난히 쏠쏠하다. 만화가 간직한 독창성과 위트, 날카로운 시선을 재발견하게 만들어주는 코믹스 헤븐은 스톡홀름을 한층 유쾌한 장소로 기억하게 한다.

감라스탄 구시가지에 있는 노벨 박물관은 부모 손에 이끌려 온 아이들을 특별한 방식으로 맞이하는 곳이다. 노벨상을 향한 부모의 야심을 읽어내기라도 한 듯 박물관 직원은 시험지와 필기구를 내어 주며 이렇게 말한다.

"박물관을 관람하면서 여기 있는 문제를 다 푼 다음 퇴장할 때 저에게 가져오세요. 정답을 모두 알아낸 사람에겐 우리가 준비한 선물을 줄게요. 행운을 빌어요."

덕분에 단층짜리 작은 박물관을 관람하는 일은 쉬이 끝나지 않았다. 문제를 풀기 위해 수상자의 면면과 전시에 쓰인 내용, 그리고 주변 책들까지 샅샅이 찾아보느라 열 바퀴는 돌아야 했기 때문이다. 특히나 마지막 문제는 노벨이 직접 던진 질문처럼 노련했다. 가장 인상적이었던 전시를 글과 그림으로 가능한 한 많이 풀어 쓰라는 문제였는데 퇴장할 때 직원은 이 문제의 답을 두고 꼬치꼬치 아이의 생각을 캐물으며 한동안 토론을 이어갔다. 노벨과의 대담처럼 한참을 그러고 나서야 "미래에 노벨 수상자가 될 아이로구나!"라는 덕담과 함께 금박지에 싸인 초콜릿 메달을 수여했다. 기분만큼은 노벨 수상자였다.

세계인이 노벨이란 이름에 집중하는 건 다이너마이트가 초래한 비극을 참회하며 '노벨 평화상'을 남긴 그의 인문적인 소양 때문이다. 딱딱한 과학자일 것 같은 노벨에게 이토록 유연한 가치관이 있는 건 문학과 관련이 있다. 발명가였던 아버지와 가정교사에게서 대부분의 교육을 받았던 그에게 최고의 벗은 언제나 책이었고, 글쓰기에도 소질이 많아 써 내려간 시, 소설, 희곡의 수도 상당했다. 그는 과학자 이전에 모든 인간 정서가 담긴 책을 사랑한 사람이었다. 노벨상에 노벨 문학상이 있는 이유이기도 하다. 그의 유언에 따르면 노벨상은 국적과 성별에 차별을 두지 않아야 하며 '발견'과 '발명'을 기준으로 '인류에 가장 이바지한 사람'을 임명해야 한다고 명시되어 있는데 과학자 노벨의 인류애와 세계관은 철학자의 관점과도 맞닿아 있다.

스웨덴의 역량이 대단한 건 노벨이 좋아했던 책과 그가 강조했던 '발견'의 의의를 놓치지 않고 노벨 박물관에 반영했단 점 때문이다. 박물관 자체를 거대한 책으로 만든 다음, 책은 단지 읽는 게 아니라 발견해나가는 거라고 모두를 독려하고 가르친다. 서랍에 숨겨둔 초콜릿 하나 믿고 그리도 당당하게 말이다. 덕분에 그곳에 있던 모든 이는 올해의 노벨상 수상자가 되었다. 무려 노벨상을 받았는데 책을 어찌 읽어야 하는지 모를 리가 있겠나.

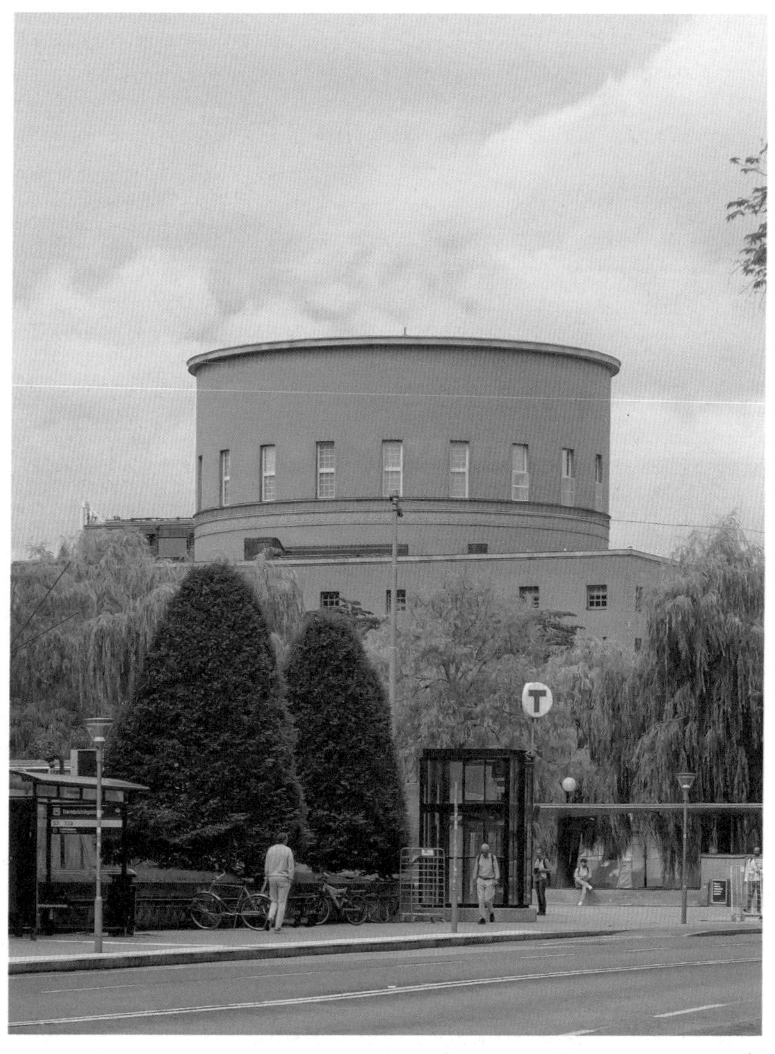

스톡홀름 공립 도서관 Stockholm Public Library

Information

스톡홀름 공립 도서관 Stockholm Public Library

코믹스 헤븐　Comics Heaven

MARVEL
GHOSTBUSTERS
image firsts

노벨상 박물관 Nobel Prize Museum

헬싱키 Helsinki & 반타 Vantaa

북유럽 문화 중심지

*

유럽의 변방이었다고는 믿기지 않을 만큼 세련된 도시 계획, 바이킹의 희미한 흔적을 남기고 간 바다에 정박한 크고 작은 배, 정갈하면서도 결연해 보이는 사람들의 표정, 서로를 존중하며 신뢰하는 분위기까지, 얼핏 모범생들만 모아 놓은 신대륙처럼 보이는 곳이 핀란드 헬싱키이다. 한때는 핀란드의 복지 정책이나 행복지수를 논할 때가 많았다면 최근엔 그들의 교육법으로 관심이 옮겨가는 추세다. 특히 비영어권 국가들 사이에서 영어를 가장 잘하는 나라로 알려진 뒤로는 핀란드를 언급할 때 사우나보다 영어 교육법이 더 뜨거운 주제로 떠오를 정도다.

과거 다른 국가들의 침략으로 기구한 세월을 보내 온 핀란드는 후에 주변국과의 활발한 교류를 위해 언어 교육에 집중했다. 그 결과 다중 언어를 구사하는 국민이 많아 마치 키보드의 한/영 키를 누르듯 단숨에 언어를 바꿔가며 의사소통하는 장면을 쉬이 볼 수 있다. 이러니 그들의 교육법이 모범 사례로 자주 소개되곤 하는데, 여기서 중요한 건 '따라 함'이 아니라 '따름'에 집중해야 한단 사실이다. 원인을 분석하지 않고 방식만 모방해서는 같은 결과를 얻을 수 없다. 본질적인 이유를 찾아 이해하고 따라야 한다. 핀란드의 교육이 섬세하게 발달한 근저에는 '공유'하는 문화가 깔려 있다. 차갑고 개인주의적일 것 같은 그들이지만, 예상과 반대로 가능한 한 모든 영역을 공유하려 드는 정겨움이 본성에 깔린 듯하다. 언어와 마찬가지로 지식이든 문화든 공유할수록 성장한다는 걸 익히 아는 그들에게 공유는 일상이다.

일례로 북유럽의 모래 놀이터에는 각종 모래 놀이 장난감이 365일 무료로 놓여 있다. 사소한 그 물건을 공유하면서 놀잇감을 챙겨가지 않아도 되는 편리함도 생겨나지만, 무엇보다 공유되는 물건은 사람 사이의 간격을 좁혀 서로를 어울리게 만든다. 하물며 놀이터가 이러한데 서로 지식을 공유해야 할 도서관은 어떠하겠는가. 학위만 내리지 않을 뿐 국민 모두를 위해 개방된 학교로서의 도서관은 시나 정부가 최선의 기획을 펼치는 중심지로 자리하고 있다. 핀란드는 유럽 내에서도 최고의 도서관이 몰린 나라인데, 그들은 도서관을 공유하며 서로를 따르고 있었다.

헬싱키에는 북유럽 최초로 일반 도서관으로 설계된 리크하르드딘카투 도서관이 있다. 기본적으로 건축 양식의 독보적 자태나 도서관의 운영 방식은 거론할 필요를 못 느낄 정도로 완벽에 가깝다. 사선으로 곡선미를 강조한 계단의 측면도 그러하고, 열람실마다 궁정 분위기를 자아내는 디자인도 그렇다. 이곳에선 책만큼이나 다양한 종류의 보드게임을 볼 수 있는데, 자체 개발한 독특한 게임도 시민 누구나 마음껏 즐길 수 있다. 야외 공터는 놀이와 교육을 동시에 병행할 수 있도록 교육적으로 기획됐고, 교육 담당자로 보이는 무리가 이곳을 견학하는 모습도 볼 수 있었다.

이보다 더 유명한 곳은 핀란드 국립 도서관이다. 핀란드의 최고 명소인 헬싱키 대성당 바로 옆에 자리하고 있어 관광객들의 발길도 상당하다. 본래 헬싱키대학교의 도서관이었던 이곳은 별도 절차 없이 누구나 방문할 수 있으며, 궁전처럼 화려한 내부에 비치된 고서적도 열람을 제한하지 않아 역사도 공유할 수 있다. 분홍 계열의 문양을 화려하게 수놓은 둥근 천장만으로 놓치지 말아야 할 명소라 할 수 있다.

현지 사람들이 가장 많이 찾는 도서관은 현대적인 디자인의 헬싱키 우디 중앙 도서관이다. 2018년 이 도서관이 개관하기까지 2012년 544팀이 참가한 설계 공모가 열렸고, 2016년에는 1,600명의 핀란드 국민이 참여한 '도서관 이름 짓기 공모전'이 열린 바 있다. 말 그대로 온 시민의 관심과 참여

속에 문을 연 우디 도서관은 국제도서관협회(IFLA)로부터 '2019년 최고의 공공도서관'에 선정되는 영예를 안기도 했다. 설계 시점부터 모두에게 공유된 이 도서관은 현재 도시의 심장부 역할을 하며 시민 모두를 자기 편으로 끌어들이고 있다. 거대한 고래의 배 속을 닮은 이 완벽한 시설은 조용한 나라 핀란드에서 유일하게 행복한 시끄러움을 만드는 공간이다. 책, 카페, 보드게임, 음악 감상, 미술, 설계, 심지어 재봉틀까지 할 수 있는 건 다 공유하는 이곳은 도서관의 종결자이다.

에어비앤비 숙소에서

리크하르딘카투 도서관 Rikhardinkatu Library

핀란드 국립 도서관 Kansalliskirjasto

헬싱키 중앙 도서관 우디　Helsinki Central Library Oodi

티꾸릴라 도서관 Tikkurila Library

로바니에미 Rovaniemi

산타클로스가 준 선물

*

오로라가 펼쳐진다는 로바니에미는 핀란드에 2주간 머문 우리의 궁극적인 목적지였다. 헬싱키에서 비행기를 타고 북쪽으로 한 시간은 날아가야 도착하는 이곳엔 오로라 말고도 북극 한계선, 침엽수림, 순록, 늑대개, 그리고 산타가 있기 때문이다. 산타클로스 마을이 자리한 이곳은 전 세계의 어린이들이 한 번쯤 방문해 산타와 추억을 남기고 싶어 하는 도시로 유명하다. 산타를 직접 만나 이야기를 나눌 수도 있고, 순록이나 늑대개 체험도 준비되어 있어 메리 크리스마스라는 외침에 심장이 뛰는 사람이라면 도통 거부가 안 되는 곳이다. 산타는 선물을 주지 않는다. 오히려 함께 사진을 찍은 뒤 산타의 비서인 엘프가 돈을 내고 사진을 살 의향이 있는지 물어봐 로망과 자본 사이 갈등만 일렁인다. 그래도 어찌 산타가 밉겠는가. 산타클로스는 이러나저러나 지켜 주고픈 앙증맞은 존재가 아니던가.

불행히도 로바니에미에 도착하기 전 숙소에 딸린 사우나를 들락날락하던 아이들은 열감기에 걸린 상태였다. 독한 감기는 아니라 비상용으로 챙긴 종합 감기약만으로 컨디션은

회복되었지만, 계획했던 로바니에미 시내의 공립 도서관에 가는 건 아무래도 무리였다. 넘어진 김에 쉬어가기엔 산타클로스 마을 만한 곳이 없었다. 백야에 한여름이라 오로라나 눈은 볼 수 없었지만, 사슴뿔 샹들리에가 달린 아늑한 숙소에서 계획을 모두 접고 편안히 쉬니, 창 밖 빗소리도 축제의 환호성처럼 들렸다. 세차게 비가 내리지만 남는 건 시간밖에 없었던 우리는 산타 마을을 산책하며 글쓰기를 하기로 마음먹었다. 그 이름도 영롱하다는 주제 글쓰기!

사실 불과 얼마 전까진 작가 엄마라는 타이틀이 민망할 정도로 나의 아이들 역시 책을 즐겨 읽지는 않았다. 매일 밤 책을 읽어주는 게 말처럼 쉬운 일은 아니라 자유를 허락했더니 아이들은 누구보다 자유로운 영혼들로 쑥쑥 성장해 나갔다. 뒤늦게 허둥지둥 성대가 갈라지도록 책을 읽어줬지만, 문해력이 없어 말귀를 못 알아듣는 아이들은 엄마의 책 읽는 연기력이 쓸 만한지 아닌지에만 관심을 보였다. 그때 떠오른 특단의 조치가 주제 글쓰기였다. 읽기보다 쓰기에 몇 배는 더 문해력이 요구된단 사실을 두 권의 책을 쓰며 처절하게 깨달은 나였기 때문이다.

여행을 필두로 아이들은 주제 글쓰기를 했다. 별 헤는 마음처럼 수많은 주제어를 이야기하며 직접 쓴 글만 50여 편에 달했다. 시작·걱정·평범·극복·목표·질서·자유·죽음·여행·

사랑…. 물론 처음엔 단순한 주제어를 두고도 한 글자 쓰기를 벅차해 아이들은 수시로 질문하기에 바빴다.

"아빠는 2학년 때 목표가 뭐였어요?"

"엄마는 평범하게 사는 게 좋아요? 특별하게 사는 게 좋아요?"

질문을 일삼던 두 아이는 어느 순간 논리정연한 문단을 완성했고, 문학적 가치를 떠나 쓰기에 성취를 느꼈다. 이후부턴 일사천리가 된다. 쓰는 맛을 알면 읽는 맛은 당연한 맛이 되고, 문해력은 물론 말대꾸하는 실력까지 일취월장이다. 생각이 자라고 의견이 영그니 자기주장이 단호해진다. 주제 글쓰기를 했을 뿐인데 덤으로 말하기와 가족 간 이해와 소통까지 얻었다고나 할까.

최근 문해력은 사회·교육·문화 전반에 걸쳐 어디서나 주목받는 화두이다. 문해력이 떨어질 대로 떨어져 사태가 심각해지다 보니 교육의 마케팅 전략이나 책 소재로도 끊임없이 문해력이 거론되고 있다. 일부 기사 내용은 당혹감마저 든 게 사실이다. "심심한 사과 말씀 드린다."라는 공지를 보고 심심하게 사과했다며 분노한 일도 있다고 하고, '개편안'이라는 단어를 '개(정말) 편안하다'로 이해했다고도 하니 말이다. 심지어 전화 통화가 호환 마마보다 무섭다는 '콜포비아 Call Phobia' 증상이 유행이라고 하니 새로운 종류의

팬데믹이 아닌지 우려스러울 정도다.

편리가 인간을 바보로 만든 탓인가 보다. 쉽고 간단한 영상에 뇌가 잠식당한 사람들은 언어 능력이 퇴화하고 있다. 그저 무지성으로 창의력도 문해력도 사라진 채 새로운 시대에 대비해야 한다고 종일 법석이다. 이런 아이러니가 없다.

한적했던 로바니에미 산타 마을에서 우리는 평소보다 두 배는 더 주제 글쓰기를 하며 보냈다.

"평범하다는 것은 다른 사람과 똑같은 모습을 한 거라서 인생을 재밌게 살아갈 수 없는 것처럼 느껴진다. 물론 평범함이 꼭 나쁜 건 아니다. 평범하게 잘 살아가는 사람도 있고 특별하게 잘 살아가는 사람도 있다."

"마치 새로 산 옷을 곧바로 버리듯 목표를 허무하게 사용하는 사람이 있다. 목표를 세우긴 했는데 그것을 위해 달려가 보지도 않고 멈추어 움직이지 않는 경우다. 결국 목표를 세운 의미도, 약간이라도 달려간 의미도 사라진다."

아이들이 쓴 글을 보니 산타가 선물을 주기는 주는구나 싶었다. 두 배는 더 좋아진 '문해력'이란 선물 말이다.

산타클로스 마을 Santa Claus Village

Austria
Germany

빈 Wien & 잘츠부르크 Salzburg

오스트리아 국립 도서관

Austrian National Library

셰익스피어 앤 컴퍼니

Shakespeare & Company

빈대학교 도서관

WU Wien, Library and Learning Center

아날로그 서점

Buchhandlung Analog

안티콰리아트

Antiquariat

피앤비 서점

Press & Books

미라벨 정원

Mirabellgarten

벡셀자이틱 서점

Wechselseitig Die Buchgalerie

인스브루크 Innsbruck & 할슈타트 Hallstatt

티롤리아

Tirolia

슈타트빕리오틱 도서관

Stadtbibliothek Innsbruck

뮌헨 München & 퓌센 Füssen

후겐두벨

Hugendubel

렌트너 서점

Buchhandlung Lentner

퓌센 뮤지엄

The Museum of Füssen

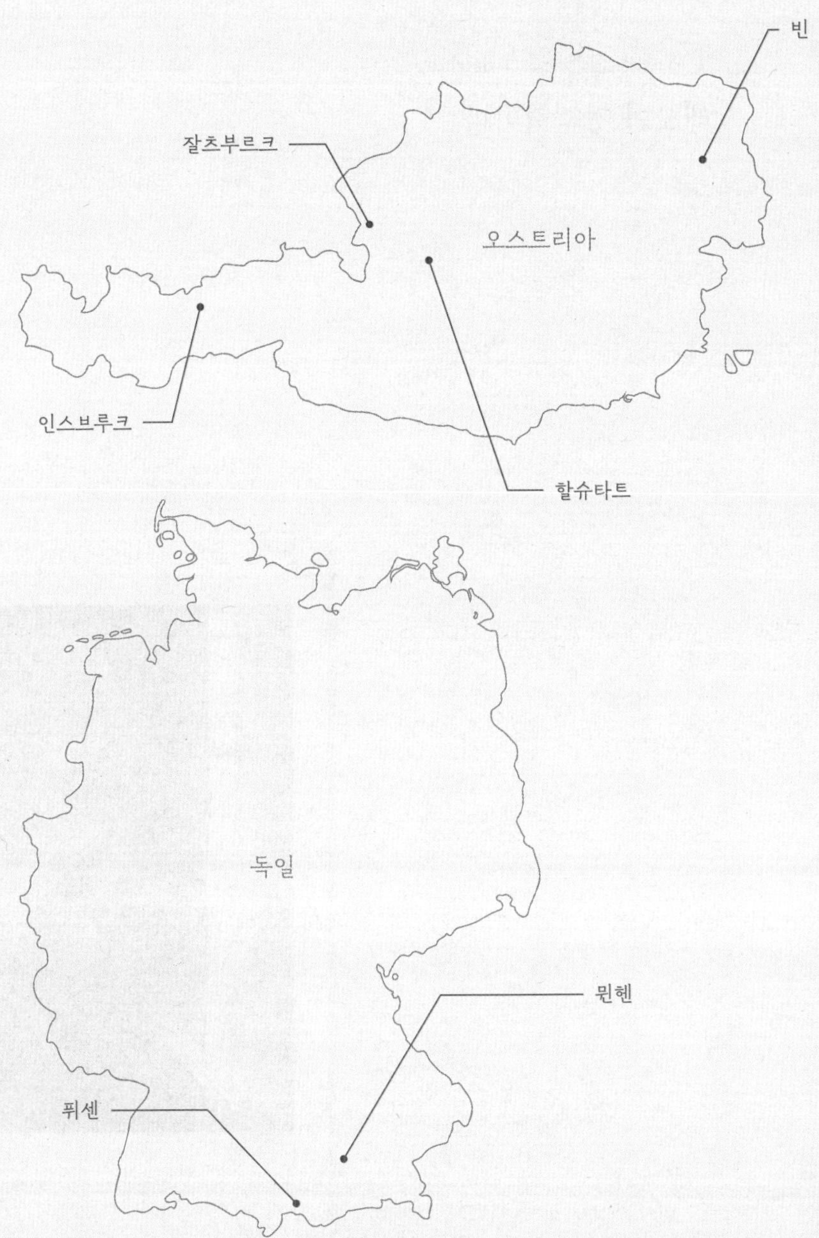
빈
잘츠부르크
오스트리아
인스브루크
할슈타트
독일
뮌헨
퓌센

빈 Wien & 잘츠부르크 Salzburg

태도가 경쟁력이다

*

모차르트, 슈베르트, 요한 슈트라우스, 하이든, 체르니 등 한 명도 배출하기 힘든 세계적인 음악가를 수두룩빽빽 탄생시킨 나라가 오스트리아다. 역사적으로 가장 부흥했던 왕조 합스부르크 가문이 예술과 문학에 전폭적 지원을 아끼지 않았던 결과인데, 그 덕에 오스트리아는 음악, 미술, 문학 심지어 수학, 과학에서도 걸출한 인재들을 고루 배출했다. 특히 음악의 도시라 불리는 수도 빈과 잘츠부르크는 골목 어디에서나 모차르트의 자취를 엿볼 수 있을 만큼 음악이 삶의 중심에 있다. 참으로 부러운 게 있다면 물질적 풍요가 정신적 풍요를 부르는지 혹은 심성에도 클래식 음악이 흐르는지 오스트리아인들의 태도엔 늘 항상성이 있다. 호전적이지 않으나 도전 의식은 있고, 겸손하면서도 품위는 잃지 않고, 여유롭지만 소박함이 있는 그들은 언제나 동경의 대상이었다.

물질적 풍요는 도서관에서도 느껴진다. 14세기에 만들어진 오스트리아 국립 도서관이 그 대표적인 예로 관광객에게 공개된 '프룬크잘(Prunksaal, 영광의 홀)'에서는 성당과 궁궐이 아니면 볼 수 없는 프레스코화가 천장에 그려져 있을 정도다. 또한 소장본 대다수가 유네스코 세계 기록유산에 등재되어 과거의 번영을 넌지시 알려준다. 책에 관심 없는 사람들조차도 줄을 서서 입장하면 어느덧 오스트리아의 책장에 물든다. 빈 경제경영대학의 도서관도 놀랍기는 마찬가지였다. 바로크 양식에 지쳐갈 무렵 찾은 이곳은 세련된 크루즈를 떠올리게 하는 현대식 디자인으로 현재의 번영을 보여준다. 로비엔 학회를 위한 테이블을 한창 준비 중이었는데 여전한 오스트리아의 학문적 위상을 짐작할 수 있었다.

가장 인상적이었던 건 오스트리아 서점 주인들이 책을 대하는 태도였다. 어떤 전공 서적에서도 배울 수 없는, 오직 정신적 풍요가 뒷받침될 때만 가능한 삶의 기술로 여겨졌다. 질문과 소통에 한계를 두지 않고, 책을 고상한 것으로만 받들지 않았으며, 책을 영업하는 대신 진정으로 소개했다. 태도가 매출로까지 이어졌으니, 이는 마케팅의 정석이리라.

빈에 있는 '셰익스피어 앤 컴퍼니'는 영어 전문 서점으로 영어책에 전문성을 지닌 사장님이 독자의 필요와 질문에 늘 환영하는 눈빛을 보내는 까닭에 고객마다 질문하기에 여념이 없는 장소다. 질문이 있을 땐 장사는 제쳐두고 답에 몰두하는 사장님에게 반해 "파리에 있는 셰익스피어 앤 컴퍼니의 체인인가요?"라고 물었더니 이름만 땄을 뿐이라고 답하며 서점의 연혁을 읊다시피 했다. 모르는 사람도 대화를 거치면 아는 사람이 된 것 같은 여운이 남는 법. 대화 끝에 책을 사지 않을 용기는 좀처럼 생겨나지 않는다.

부부가 운영하는 아날로그 서점은 고객에게 차 한 잔을 권하거나 사탕이 가득한 손바닥을 내밀며 아날로그식 인사를 건네는 곳이다. 부부 모두 영어에 능통해 외국인 손님을 가만두질 않고 이것저것 묻고 답하며 공감대를 만든다. 굳이 일어나 책장에서 K-POP 책 한 권을 꺼내 들고는 아낌없이 찬사를 보내며 한국에 대해 아는 척을 하는 이곳. 더욱이 "이 서점이 최고지?"라는 쾌활한 자기애적 농담을 건넬 줄 아는 주인의 태도는 기어이 우리가 책을 사도록 만들었다.

세계적인 명문 서점이라는 빈의 '안티콰리아트'와 희귀 서적을 소장한 잘츠부르크의 '벡셀자이틱 서점'에는 소위 권위 의식이 없다. 그들은 고가의 소장품을 두고 빳빳한 태도로 소비자를 대면하지 않는다. 위축되지 않고 누리는 시간이 길어질수록 소비자의 지갑이 열릴 확률 또한 높아진단 걸 생각하면 그들의 이런 태도는 영리한 전략이 된다.

지극히 당연한 말이겠지만, 태도가 경쟁력이자 매출이다.

오스트리아 국립 도서관　Austrian National Library

2
Sterngasse
SHAKESPEARE
COMPANY
SPACE ATLAS
SPIES
AGATHA CHRISTIE

셰익스피어 앤 컴퍼니　Shakespear and Company

빈대학교 도서관 WU Wien, Library and Learning Center

아날로그 서점 Buchhandlung Analog

Man kann im Leben
und Literatur!
BLUES
BLACK
POWERFUL
Literature
paperblanks
I have a dream
HOFFNUNG &
REVOLUTION
SAYING
IT LOUD
MEJA MWANGI
KASIM,
DER
KOMIKER
TREVOR
NOAH
FARBENBLIND

안티콰리아트 Antiquariat

벡셀자이틱 서점 Wechselseitig Die Buchgalerie

피앤비 서점　Press P&B Books

KLEINE
Märchen-DIASHOW
KLEINE DIASHOW
STERNBILDER & PLANETEN
REGENBOGEN-PLOPPER
PLOPP

인스브루크 Innsbruck & 할슈타트 Hallstatt

사교육 해방 일지

*

한 달 살기를 하며 알프스산맥과 호수로 덮인 자연에 스며들고, 다뉴브강에서 현지인들과 수영을 만끽했던 남다른 경험 이후 오스트리아는 스위스를 제치고 우리에게 힐링을 주는 나라 1위가 되었다. 인스브루크 노르트케테 Nordkette 정상에서 고산병을 겪으며 본 도시의 전경과 할슈타트의 적막한 아름다움이 고인 호수의 빛깔은 낭만주의도 되었다, 인상주의도 되었다 하는 열 폭의 그림이었기 때문이다. 여행의 즐거움이 한껏 달아오르던 그때, 문득 지난 10년간 이 여행을 위해 준비했던 값지고 눈물겨운 노력이 뇌리를 스쳐 지나갔다. 아~ 여행 자금 모으려고 아이들을 직접 가르치며 어금니를 깨물어야 했던 인고의 세월이여.

과거 사교육 시장에서 아주 조금 유명했던 강사라는 이력 때문에 사람들은 아이들을 직접 가르치는 나의 상황을 당연하게 여겼다. 한데 중이 브라운 면도기로도 자기 머리를 깎지 못하는 상황인지, 내 자식을 가르치는 일은 엄연히 다른 영역이 틀림없었다. 멀쩡한 이름을 두고 "야!"라고 부른 적도 있었고, 수학 문제를 못 풀고 있는 금쪽같은 내 새끼한테 "너

바보야?"라고 쏘아댄 적도 있었다. 그 모든 험난한 여정을 버틴 건 오늘의 여행을 위해서였을 뿐 사교육에 대한 특별한 철학이나 반대의 이유가 있었던 게 아니었다는 뜻이다.

연유야 무엇이었든 결과적으로 이 여행은 우리 가족을 사교육에서 원초적으로 해방시켜 준 고마운 기획이다. 여행 자금 모으려고 어쨌거나 남들 다 하는 사교육을 '못' 시켰으니까 말이다. 인스브루크의 슈타트빕리오틱 도서관 통창으로 구름 낀 알프스산맥을 바라보며 아이들과 신선놀음하듯 책을 읽을 때, 내 머릿속에선 지난날 아껴왔던 사교육비가 숫자로 또렷하게 환산되고 있었다. 영어 유치원 안 보낸 값 얼마, 피아노, 미술 학원 안 보낸 값 얼마, 영어와 수학은 일대일로 가르쳤으니까 특별히 과외비로 쳐서 얼마…. 거두절미하고 여행하는 백수가 된 현실이면 실로 족했다. 새벽에 나가 밤늦게 들어오는 남편, 혼자 치열하게 두 아이를 키웠던 나의 지난날이 주마등처럼 스쳐 가니 더 바랄 게 없었다.

이것이 안분지족임을 느낄 때 남편이 이런 말을 해왔다.

"나는 앞으로 회사에 가면 후배들한테 보고서의 중요성을 더 지적할 거야. 보고서가 있으면 과정이 보이니까 결과가 좀 나빠도 이해되는 게 있는데, 보고서가 없으면 결과만 보고 평가할 수밖에 없어서 냉정해질 수밖에 없더라고."

언뜻 따돌림을 간절히 원하는 중년 남성처럼 보인 게

사실이지만, 눈앞에 할슈타트가 펼쳐지는데 이유야 얼마든지 들어줄 수 있었다.

"예전엔 매일 바쁘게 일하고 늦게 퇴근해서 당신한테 아이들이 어땠는지를 결과만 들으니까, 잔소리가 늘었거든. 근데 여행하면서 아이들과 책 읽고 얘기하고 글도 쓰면서 붙어 지내니까 과정이 보이더라고. 이제는 애들한테 화가 안 나. 결괏값이 왜 저런 건지 알고 있으니까."

사교육과 관련해 내가 유일하게 강조해 왔던 내용과 정확히 일치하는 얘기였다. 주변에서 사교육을 언제 시작할지, 어느 기관에 보내야 하는지를 물어 올 때면 그 전에 꼭 아이의 그릇부터 크게 만들어 놓으라고 당부하곤 했었다. 아이의 그릇이 종지라면 제아무리 좋은 교육도 흘러넘쳐 담아낼 수 없게 되고, 그렇게 되면 아이는 '나는 해도 안 되는 사람이구나.'라고 상심하며 좌절, 분노, 무기력을 느낄 거라고 말이다. 그에 덧붙여 이런 말도 했었다.

"여기서 제일 중요한 건 그릇을 키우면서 부모가 그게 만들어지는 과정을 지켜본다는 거야. 그릇이 지닌 성분, 모양, 질감, 특징, 취약점을 제일 잘 아는 사람이 누구겠어? 바로 부모인 거지. 그런 부모는 그릇이 언제 어떻게 어디에 쓰여야 할지를 알아서 헤매질 않는다니까."

어쩌면 우리는 LED로 바뀐 등잔 밑에서도 어둡다며 정답을 외면하는지도 모르겠다. 해답은 보편타당한 쉬운 것들이란 걸 이미 알고 있으면서 말이다. 책으로 둘러싸인 환경을 만들어 주고, 책을 주제로 가족이 대화했던 시간은 우리 가족 모두의 그릇을 키웠다. 이제 우리 부부는 아이가 내는 성과가 아니라 과정에 더 집중해 줄 자신감마저 생겼다. 그릇끼리 부딪치는 날은 있을지언정 그릇이 넘쳤다고 비난하는 아우성은 없을 거라는 뜻이다.

이런 보편타당한 방법이 부모들에게 매혹적이지 않은 건 할 수 없어서가 아니라 하기 귀찮다는 부모의 속내가 있어서다. 물론 유경험자로서 그 기본만 하고 사는 게 얼마나 힘든지 누구보다 잘 알고 동감하지만, 해봄 직한 일이라고 힘주어 말하고 싶다. 알프스산맥에서 정리된 청정한 생각이니까 말이다.

할슈타트 호수에서 펼친『햄릿』

슈타트빕리오틱 도서관 Stadtbibliothek Innsbruck

INTERSPAR
Peek&Cloppenburg

뮌헨 München & 퓌센 Füssen

말할 수 있는 비밀

*

연분홍빛 바로크 서재를 상상이나 해봤을까. 독일어를 배울 당시 교수님께 전해 듣기로 독일은 질서와 격식 속에서도 인간미와 자유분방함이 넘치는 나라라고 했다. 유아차에 예쁜 아기를 보고도 한참 지나치고 나서야 "아까 그 아기 정말 사랑스럽지 않았어?"라고 속닥거리는 수줍음이 있고 보수적이고 진지한 생활 방식과 달리 성교육이나 TV 프로그램은 여과 없이 모든 걸 보여주는 대범함도 있다고 했다. 이 역설을 한눈에 보여주는 곳이 바로 퓌센 박물관이다. 딱딱한 수도원 내부에선 바비 인형의 서재라고 해도 믿을 지경인 사랑스러운 분홍색 서재를 만날 수 있고, 전시와 체험할 거리도 가득해 뜻하지 않게 공주님처럼 하루를 보낼 수 있는 장소니까 말이다.

본디 퓌센은 백조의 성이 주인인 도시이다. 디즈니 성의 모티브가 되었다는 노이슈반슈타인 성이 백조처럼 산속에 덩그러니 자리하기 때문이다. 순백의 자태로 향하는 길엔 마차와 사람이 가득하고 성을 보기에 최고 명당이라는 마리엔 다리에는 셔터 소리가 요란하다. 놀라운 건 백조의 성에 얽힌 역설이다. 성의 주인인 루드비히 2세는 고작 18세의 나이로 왕위에 오른 뒤 자신을 더 고립시킬 목적으로 이 성을 지었다. 그가 편집증적으로 집착했던 바그너의 오페라를 독점하기 위해서였다. 바그너의 모든 빚까지 청산해 주며 투자를 쏟아붓는 그의 광기는 결국 바그너와 연인 관계라는 소문으로 이어졌고, 이는 왕가의 공공연하지만 말할 수 없는 비밀이었다. 당시 사회적 분위기상 동성애는 입 밖에 내서는 안 될 주제였기 때문이다. 평생 독신으로 살며 정사를 살피지 않았던 루드비히 2세는 나라를 망하게 했단 이유로 결국 폐위되고, 41세에 성 근처 호수에서 의문사한 채로 발견된다. 그가 그토록 원했던 노이슈반슈타인성은 완공되기 전이었는데, 참담한 비극에서 태어난 아름다운 성은 오늘날 퓌센과 독일을 먹여 살리는 대표 관광지이니 모든 게 다 역설이다.

퓌센의 역설을 뒤로 하고 찾아간 도시는 기차로 두 시간 걸리는 뮌헨이었다. 한동안 시골을 즐긴 터라 간만의 대도시는 유난히 커 보였다. 이곳에서 만난 렌트너 서점은 아치형 창문에서 쏟아지는 자연광이 실내에 있는 책들 위에서 은은하게 발광하는 작은 독립 서점이다. 2층에 이어 벽면에도 진열된 여행책을 따라 계단을 내려오면 1층에선 베스트셀러와 신작, 음반 등을 만날 수 있다. 아이들이 평소 좋아하던 책

『모모』의 원서도 이곳에서 찾을 수 있었다.

다음으로 찾은 후겐두벨은 독일의 대표 서점 체인답게 완벽에 가까웠다. 실내장식마저 세련됨의 극치인데, 주제를 세분화한 코너마다 그에 어울리는 소품을 배치한 센스도 돋보였다. 정점은 중앙에 거대하게 자리한 알록달록한 무대로 서점 전체에서 단연 공을 들인 흔적이었는데, 이 무대에 역설이 있었다. 반사적으로 찍은 사진의 초점을 확인하던 중 자세히 보니 'LGBTQ+'라고 쓰인 게 아닌가. 레즈비언 Lesbian, 게이 Gay, 양성애자 Bisexual, 트렌스젠더 Transgender, 퀘스처닝 Questioning….

우리가 유럽에 도착한 6월은 성소수자의 인권을 기리는 달인 '프라이드 먼스 Pride Month'였다. 거리에 휘날리는 무지개 깃발과 함께 축제를 준비 중이었고, 찾아가는 서점마다 LGBT는 가장 넓은 면적을 차지하는 인기 코너였다. 한동안 나는 LGBT를 상징하는 모든 표식을 의도적으로 카메라에 담지 않았다. 난처하고 정서에 반하는 주제를 두고 토론은커녕 힐난 일색이었던 우리네 사회적 풍토에 따른 본능적 회피였다. 멋도 모르고 찍은 후겐두벨의 LGBTQ+ 무대를 마주하고 불현듯 루드비히 2세가 떠올랐다. 현시대에 그가 태어났다면 최소한 번뇌에 짓눌려 숨어서 일기를 쓰다가 엉망진창으로 생을 마감하진 않았겠지?

쉬이 꺼내 놓기 어려운 주제를 성큼 꺼내 건강하게 갈등하는 문화가 부러웠다. 엄연히 존재하는 사실을 단순히 말하기 거북한 주제라고 하여 덮어 두고 넘어가는 건 해결책이 될 수 없기 때문이다. 루드비히 2세를 향한 덮어 두고 쉬쉬했던 당시 분위기가 한 인간을 번뇌에서 구하지도 못했을뿐더러, 국가 재정이 파탄 날 때까지 아무런 해결책을 찾지 못한 것만 봐도 말이다. 문제가 더 나은 방향으로 나아가기 위해선 주제부터 수면 위로 올리고 집단적 혐오를 표출하는 대신 쟁점을 확실히 잡아 갈등해야 한다.

문학에서 건강한 갈등은 작품의 완성도를 높이기도 한다. 엎치락뒤치락 갈등하는 사이 편협을 벗어던진 작품이야말로 폭넓은 세계관을 지니기 때문이다. 말하지 못할 주제가 많아지면 책은 최대한 몸을 사린 채 글자 수를 채워 넣지 못할 테고, 양서로 분류될 수 있는 책은 금서가 되어 버릴 수도 있다.

책은 말할 수 있는 비밀이어야 한다.

노이슈반슈타인 성 Schloss Neuschwanstein

퓌센 뮤지엄 The Museum of Füssen

후겐두벨 Hugendubel

Madam
Commis
und die Mauer de

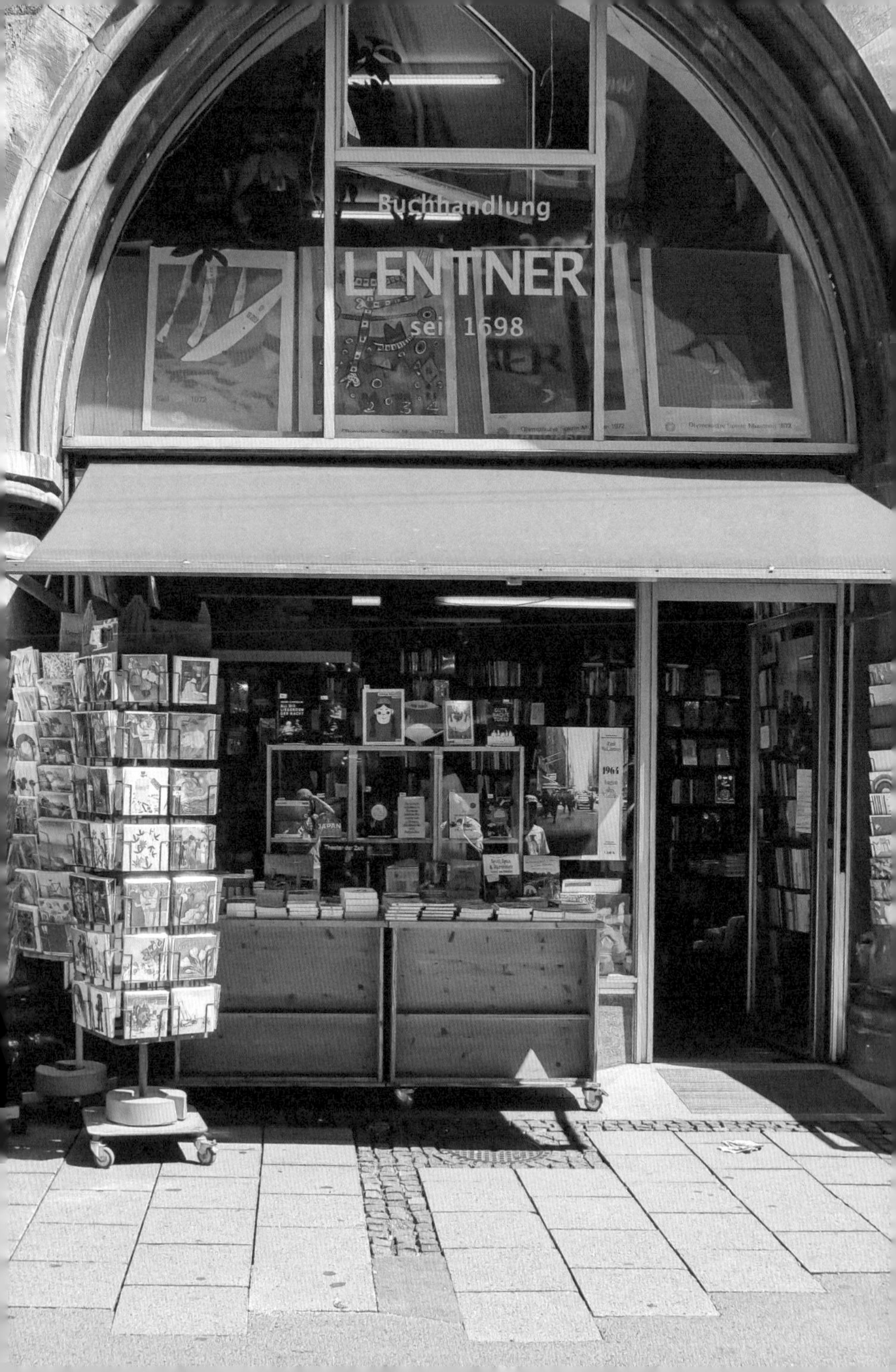
Buchhandlung
LENTNER
seit 1698

렌트너 서점 Buchhandlung Lentner

Czechia Hungary Slovakia

프라하 Prague

국립 기술 도서관

National Library of Technology

프라하 공립 도서관

Municipal Library of Prague

셰익스피어와 시노에

Shakespeare a Synové

부다페스트 Budapest

메트로폴리탄 어빈 사보 도서관

Metropolitan Ervin Szabó Library

부다페스트 기술경제대학 도서관

BME OMIKK

브라티슬라바 Bratislava

아드카 서점

Adka Books

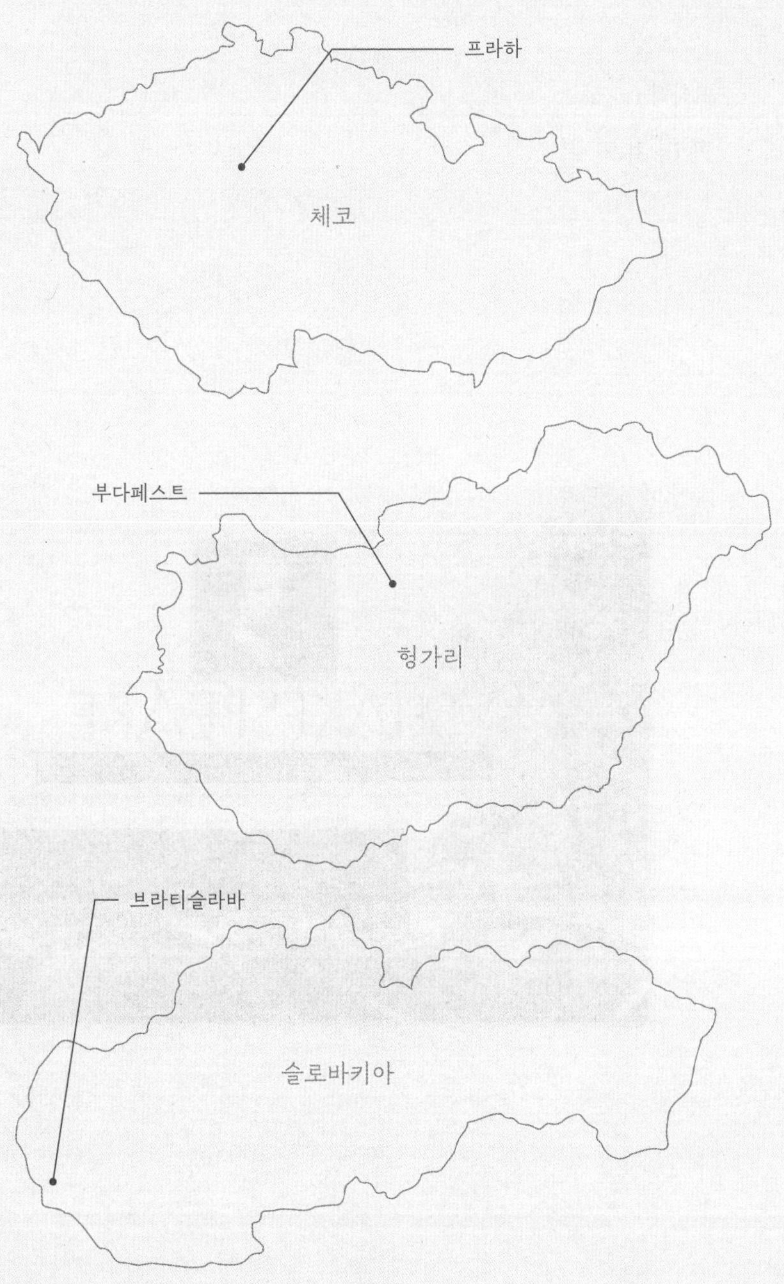
프라하
체코
부다페스트
헝가리
브라티슬라바
슬로바키아

프라하 Prague

프라하의 봄

*

꽃길이라 믿었던 길에 처음으로 냉랭함이 쏟아졌다. 믿는 도끼가 결국 발등 위로 떨어진 거다. 환대만 존재한다고 믿었던 도서관이 처음으로 우릴 천대했다. 프라하 중앙역에서 내려 후끈한 공기를 가로지르며 어렵게 찾아간 도서관은 차디찬 거절로 우릴 맞이했다. 무더운 날의 프라하는 겨울 왕국이었다.

처음 찾아 나선 국립 기술 도서관은 중심부에서 다소 떨어져 있어 트램을 몇 번 갈아타야 갈 수 있는 곳이다. 공모전에서 1위를 차지한 설계로 지어진 이곳은 2009년 현재 자리로 옮겨 개관한 이후 기술, 사회, 과학 분야의 방대한 자료를 석학들에게 제공하고 있다. '학생들을 위한 최첨단 거실'을 만들겠다는 디자인 철학을 입증이라도 하듯 열람실 바닥엔 무지개가 물결치는 기하학적인 문양이 아늑하게 그려져 있다. 단지 이 바닥을 찍으러 간 곳인데, 경비 아저씨는 그 바닥을 찍지 말라고 경고했다.

"내가 다시는 체코에 오나 봐라!"

마음을 추스르고 시내로 돌아와 도시 산책을 즐기려는데

연거푸 사건이 터졌다. 가만히 아이와 벤치에 앉아 있을 때 옆에 있던 할머니가 아무 이유도 없이 큰 소리로 우리에게 화를 내기 시작했다. 대응하지 않고 가만히 있었더니 할머니의 목소리는 더욱 거세지기만 해, 옆 벤치에서 참고 있던 남편이 단호하게 "Why?"라고 쏘아붙였다. 그길로 할머니는 줄행랑을 치셨고, 우리는 허탈하게 웃으며 아무래도 체코와는 인연이 아닌 거라고 입을 모았다. 좁아질 대로 좁아진 마음에 남은 일정을 포기하고 유명하다는 체코 맥주나 마시자는 충동이 들던 찰나, 둘째가 저 혼자 기가 살아 이렇게 말했다.

"앞으로 저런 사람을 또 만나도 우린 괜찮아요. 아빠가 'Why?'라고 하면 다 도망칠 거거든요."

순간 Why라는 외마디에 세상의 무게 중심이 실리는 듯했다. Why? 왜? 그렇지! 체코가 왜 이런지 이유부터 알아봐야지!

나름의 이유가 있을 거라며 찾아본 체코의 역사에는 정말로 이유가 있었다. 체코는 과거 구소련뿐 아니라 독일과 오스트리아의 오랜 지배하에 있던 뼈아픈 역사를 지닌 나라이다. 공산주의를 벗어난 것도 벨벳 혁명 이후에나 가능했는데 이 혁명의 기폭제가 된 사건은 '프라하의 봄'이었다. 1968년 구소련이 시민의 평화 시위를 무력으로 탄압하여 많은 사상자를 냈던 '프라하의 봄'은 체코 국민을 단결시켰고, 이후 1989년 11월 17일부터 3일간 온 나라에서 평화 시위가 벌어져 '벨벳 혁명'이란 이름으로 마침내 민주주의를 이룩했다. 옷감인 벨벳처럼 부드럽게 이뤄졌다는 뜻의 벨벳 혁명은 이 나라의 냉소를 이해하는 단서가 되었다. 투쟁이 많았던 시간을 보내느라 아직 경직이 완전히 가시지 않았을 뿐이었다. 냉랭함은 시간이 지나면 벨벳처럼 부드러워질 게 자명해 보여 프라하에 대한 오해를 거두기로 했다.

벨벳 같은 마음으로 찾아간 프라하 공립 도서관 로비엔 '이디엄'이라는 책 탑이 보란 듯이 의기양양하게 서 있었다. 젠가처럼 책을 쌓아 만든 원기둥 모양 탑은 안쪽 위아래로 거울을 설치해 책이 무한하게 반복되는 착시를 보여준다. 책이 끝없이 이어지는 모습은 체코 사람들이 끝없이 책을 사랑한다는 상징처럼 다가왔다. 아니나 다를까 이 환상적인 탑 뒤편 열람실엔 책을 읽는 체코인이 끝없이 이어졌다. 남아 있던 생채기가 눈 녹듯 녹아버렸다.

체코인의 책 사랑에 부드럽다 못해 흐물거리는 마음이 된 우리는 한 군데만 더 보자며 셰익스피어와 시노에 서점을 찾았다. 커다랗게 셰익스피어라고 쓰인 간판 가운데엔 셰익스피어 그림이 작게 그려져 있어 행여 못 찾고 지나쳐 갈

손님들을 붙잡아 끌어당겼다. 양쪽으로 열리는 문 아래에도 책꽂이를 달아 책을 한가득 꽂아 놨고 좁은 실내는 벽을 하얗게 칠해 책이 꽉 들어차도 갑갑해 보이지 않게 꾸몄다. 지하로 내려가면 빈티지 타자기와 자전거 등이 놓인 응접실이 마련되어 있어 체코에서 영어책을 찾는 이들에게 무한한 안락함을 제공하고 있다.

프라하는 지금부터가 시작인지도 모르겠다. 무더운 날의 프라하는 봄이었다.

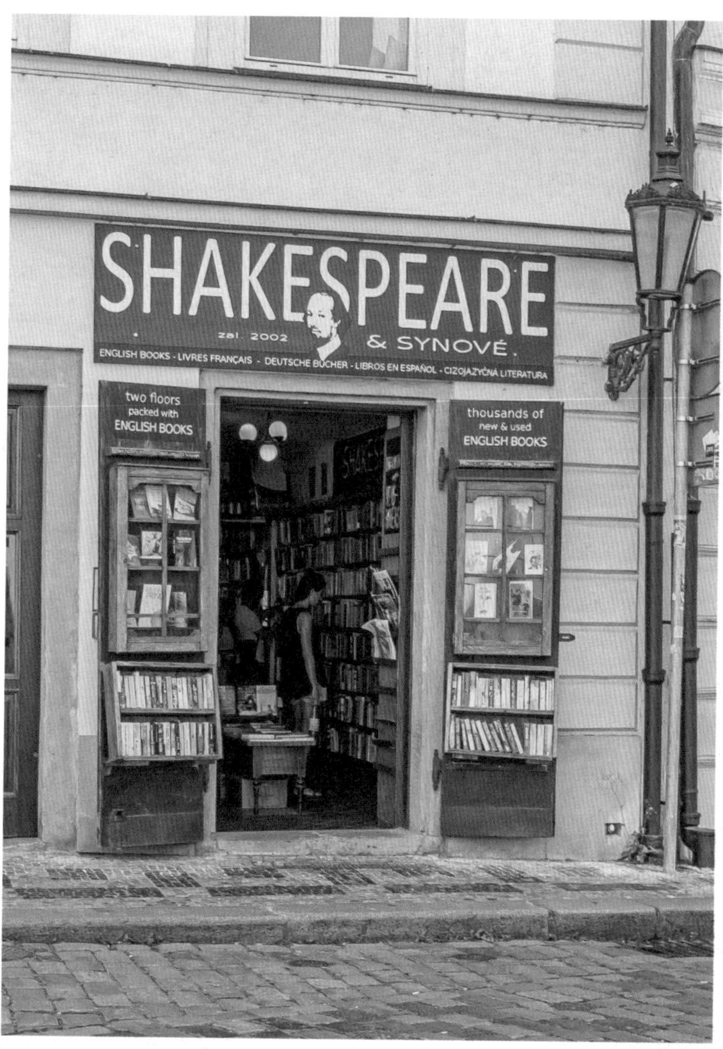

셰익스피어와 시노베 Shakespeare a Synové

SHAKESPEAR
MY CRAZY CENTURY
KLIMA
DREAMS OF A GREAT SMALL NATION
THE CZECH READER
THE LAST GHETTO
CZECH FEMINISMS

셰익스피어와 시노에 Shakespeare a Synové

프라하 공립 도서관　Municipal Library of Prague

A
C
B
C
D
E
F
H
J
K

LANOUX
SMRTÍCÍ PRAKTIKY
STONE
DĚJINY RUMUNSKA
právnický
D.H.LAWRENCE
F.A. ELSTNER
EKONOMICKÁ ENCYKLOPEDIE
RAIS HORSKÉ KOŘENY

프라하 공립 도서관 Municipal Library of Prague

국립 기술 도서관 National Library of Technology

KNIHY
KNIHY

부다페스트 Budapest

교향시를 읽는 도시

*

부다페스트의 중고 책을 파는 빨간 마차 모양 가판대는 인기였다. 산책하러 나온 개까지 몰려들어 도무지 사진 찍을 타이밍을 잡기 힘들었던 데다, 천 원에 훨씬 못 미치는 저렴한 값의 책을 소개하는 사장님의 자신만만함은 도서관 사서를 능가하는 수준이었다. 게다가 도시 한복판에서는 고서적을 전문적으로 복원하는 골동품 서점이 백 미터 이상 일렬로 늘어선 게 보였다. 세어 보다가 이내 포기했을 정도다. 이 도시의 책을 향한 애정은 오로지 경외심이란 단어로 치환될 수밖에 없다. 부다페스트에서 책은 신줏단지처럼 모셔지고 있었다.

사실 부다페스트의 공항 이름만 보고도 책의 위상이 어떠할지 감이 왔었다. 리스트 페렌츠 Liszt Ferenc 국제 공항. 대외적으로 국가의 존재감을 처음 드러내는 장소인 공항에 그들의 최고 자부심인 음악가의 이름을 사용했기 때문이다. 음악가를 전면에 내세울 정도로 예술에 대한 경외심이 두터운 나라에서 문학이 관심받지 못하고 동떨어지는 예는 없다. 바늘 가는 데 실이 가고, 바람 가는 데 구름이 가듯, 음악이 머무는 데

미술이나 문학이 머물지 않는 때는 없다는 걸 두고두고 목격해 온 우리였다.

하필이면 리스트는 내가 가장 사랑하는 음악가이기도 하다. 그는 음악만이 아니라 문학에도 조예가 깊어 빅토르 위고와 같은 당대 최고의 작가들과도 교류하던 종합 예술인이었다. 이런 성향이 음악에 반영돼 그가 새로 개척한 장르가 바로 '교향시'이다. 교향시란 음정과 박자로 이루어진 '절대 음악'의 반대 개념으로, 사물이나 상황을 음악으로 묘사해 내는 장르다. 음악과 문학이 합쳐져 흐르는 교향시의 나라, 이들의 책장이 점점 더 궁금했다.

메트로폴리탄 어빈 사보 도서관은 교향시가 흐르는 그 첫 번째 장소이다. 단언컨대 내가 본 가장 아름다운 도서관이었다. 들어서자마자 "여기서 결혼식 하면 되겠다!"라는 엉뚱한 탄성이 나올 정도로 형언할 수 없는 성대함이 천장부터 바닥까지 흘러넘쳤다. 화이트 앤틱의 열람실부터 고풍스러운 갈색 서재까지 거대한 도서관은 공간별 분위기도 시시각각 달랐다. 부다페스트에서 가장 많은 장서를 보유한 이곳은 모두에게 개방되어 언제나 공부하는 사람들이 들어차 있었다. 그들 곁에 잠시 앉아 쉬는 동안에도 특권을 누리는 것 같다는 감동에 가슴 속에서는 리스트의 '사랑의 꿈'이 피아니시모로

연주되고 있었다.

부다페스트 기술경제대학은 딱딱한 대학 이름과는 대조적으로 우아한 대학 도서관이 있는 반전 매력을 지닌 장소이다. 학자들의 연구 장소로 본 기능에 충실한 곳이지만, 관광객의 입장을 제한하지는 않는다. 채플이 연상되는 연한 민트색 바탕의 아치형 열람실부터 정중앙 계단 위에서 내려다보이는 로비의 정갈한 정렬까지 이곳에 온 걸 천만다행으로 여기게 만든다. 잇따라 보이는 아름다운 도서관 내부에 혀를 내두르며 밖으로 나와 걷고 있자니 이 도시에선 장소를 가리지 않고 교향시가 울려 퍼지는가 싶었다.

책을 포함해 예술을 즐기는 사람에게서 찾을 수 있는 공통점은 '물질'보다 '정신'의 풍요를 갈망한다는 점이다. 물질에 몰두하면 등수·액수·평수에서 매번 싸워 이겨야 하고, 결과에 상관없이 공허가 반복되지만, 정신에 몰두하면 어떤 상황에도 극복하는 힘이 생겨나 행복에 좀 더 가까워질 수 있다. 이는 높은 자존감을 뜻한다. 이 자존감을 아이들이 가지길 바라지만, 부모가 해줄 수 있는 최선은 아이가 스스로 떠먹고 음미하길 바라면서 밥상을 차려주는 일이 전부다. 책장을 보여주고, 음악을 들려주고, 그림을 이야기하면서 시간이 좀 걸리더라도 정서가 풍요로워지길 바라며 가능하다면 만찬을 차려주는 것. 그 밥상이 부다페스트에 있었다.

메트로폴리탄 어빈 사보 도서관 Metropolitan Ervin Szabó Library

메트로폴리탄 어빈 사보 도서관 Metropolitan Ervin Szabó Library

부다페스트 기술경제대학 도서관 BME OMIKK

브라티슬라바 Bratislava

불 꺼진 도서관

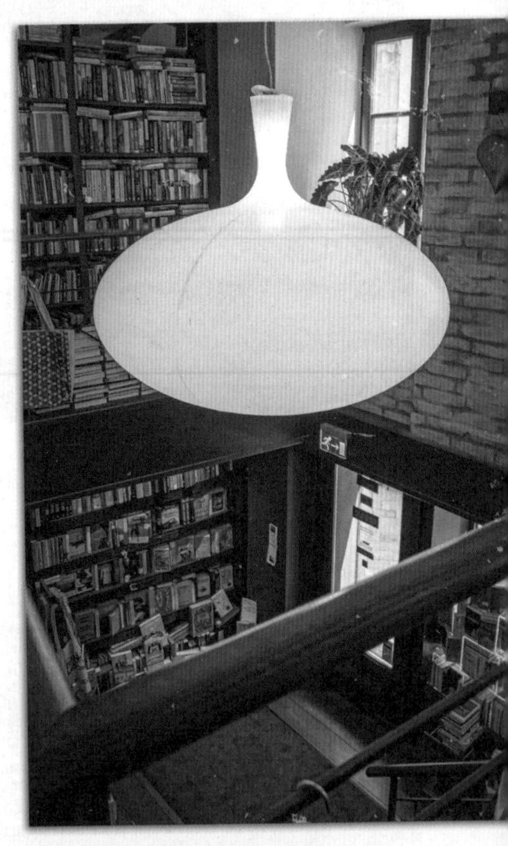

*

아이들 눈높이에서 가장 재밌었던 서점으로 선정된 곳이 브라티슬라바의 아드카 서점이다. 2층짜리 작은 서가에 들어서자마자 아이들은 탐험대가 되길 자처했다. 그도 그럴 것이 낮은 동굴 같은 1층 바닥에 불규칙적으로 쌓인 책은 인디애나 존스가 된 기분이 들게 했고, 공간마다 주제를 달리해 꾸며 놓은 2층에선 방을 옮길 때마다 급변하는 분위기 덕에 이상한 나라로 빨려 들어가는 앨리스가 된 것 같았다. 비단 우리만이 아니라 한번 발을 들인 손님들은 기어코 자신이 원하는 책을 찾을 때까지 이 보물섬에서 벗어날 생각이 없어 보였다. 고유의 역사나 특징이 없어도 서점은 매혹적이었다.

기대하고 찾은 슬로바키아는 아니었다. 우리가 오래 머물던 오스트리아 빈에서 기차로 한 시간이 채 안 걸리는 브라티슬라바라서 가지 않을 이유가 딱히 없어 훌쩍 떠난 것이었다. 더 이상 성이나 성당이 궁금하지도, 고풍스러운 광장이 새삼스러울 리도 없었지만, 고맙게도 책이 있는 곳에선 늘 새로운 서사가 생겨나니 그 기대감 하나로 서점의 문부터 열었던 것이다. 다행히 아이들은 이 서점이 재미있다고 난리라 다음 일정이던 도서관이 갈수록 기대되기만 했다. 다음 도서관이란 없다는 사실은 꿈에도 모른 채….

아이들과 서점에서 빠져나온 후 재빨리 도서관으로 발길을 옮긴 우리는 도시 한 블록을 다람쥐처럼 세 바퀴 돌고 나서야 겨우 입구를 찾을 수 있었는데, 우리를 맞이한 건 굳게 닫힌 통유리 문 너머의 불 꺼진 열람실이었다. 아쉬운 마음에 고개를 늘이밀었다 뒤로 물렀다 해봐야 그늘진 책장엔 정적만이 흘렀다. 허탈하기엔 일렀다. 그 뒤에 광장을 다시 가로질러 찾은 도서관도, 또 그다음 아픈 발목을 부여잡고 20분을 더 걸어간 도서관도 굳게 닫혀있긴 마찬가지였으니까.

'칫! 미녀가 많은 나라라더니 미녀만 많고 미녀가 다닐 도서관은 없나 보지?'

도서관을 못 본 건 심히 아쉽지만, 사실 이 나라엔 절절히 이해하고도 남을 사연이 하나 있다. 유럽에서 가장 젊은 나라라는 슬로바키아는 1993년 1월 1일이 되어서야 체코슬로바키아에서 완전히 분리되어 독립을 이룰 수 있었다. 천 년 넘게 헝가리 왕국의 일부로, 제1차 세계대전 이후엔 체코에 속해 있었으며 강대국 사이에서 고달프고 지난한 세월을 보낸, 어찌 보면 우리와 비슷한 역사를 지닌 나라이다. 발전 속도는 매우 빨라 30년 된 나라라고 믿기 어려울 만큼 도시는 안정되어 있고, 교육과 기술에 집중적인 투자가 이루어지고 있다. 더욱이 버스킹 성지라는 더블린보다 더 싱그러운 공연을 볼 수 있을 정도로 문화적 감수성도 뛰어난 이 나라가 피치 못하게도 도서관 문만 굳게 닫힌 거다. 역사적으로 지배당하고 핍박받은 시간이 길었던 탓에 당장 경제부터 살려야 한다는 지당함으로 문화를 우선시하지 못한 탓이다. 결코 문화적 소양이 부족해서가 아니라 도서관에 사서 인력을 배치하는 일이 우선순위가 아니라서 그럴싸한 시설의 도서관조차도 대부분 운영 시간을 단축한다. 부족한 게 있다면 그 사실을 알지 못하고 느긋하게 오후에 도서관 문을 두드린 우리의 역사적 소양인 거다.

어쨌거나 그 덕에 핍박받은 역사로 둘째가라면 서러울 내 나라의 웅장한 도서관들이 떠올랐다. 별마당 도서관·의정부 미술 도서관·은평 구립 도서관·세종 국립 도서관·해인사장경판전, 심지어 세계 유일무이의 '출판도시'인 '파주 출판단지'도…. 비통한 건 양손에 떡을 쥐다 못해 넘쳐 나는 나라에서 책이 사라지고 있다고 연일 시름을 앓는단 사실이다. 합심하여 나태를 부리는 게 아닌 이상, 책이 사라지는 건 백 한 번을 양보해도 있을 수 없는 일이다. 불 꺼진 도서관이야

사정이 좋아져 다시 불이 켜지면 그만이지만, 휘황찬란 불빛만 밝고 그 아래 책을 읽는 사람이 없다면 그것이야말로 진정 불 꺼진 도서관일 테니 말이다. 떡을 손에만 쥐고 있는 건 명백한 허무다. 떡을 가장 따끈따끈 말랑말랑하게 먹을 수 있는 때는 오늘이다.

아드카 서점 Adka Books

아드카 서점 Adka Books

ČITÁREŇ
DOZVEDELA SOM SA, ŽE ŽIJEŠ

Croatia

Bosnia Herzegovina

Montenegro

두브로브니크 Dubrovnik & 자다르 Zadar

마티카 서점

Matica Hrvatska Dubrovnik

자다르 공립 도서관

Gradska knjižnica Zadar

비하치 Bihać

비하치 공립 도서관

Universitätsbibliothek

크로아티아
자다르
두브로브니크
비하치
보스니아
헤르체고비나
몬테네그로

자다르 Zadar & 두브로브니크 Dubrovnik

맥도날드 VS. 도서관

*

유럽 최고의 자연경관이 무엇이었느냐 묻는다면 플리트비체 Plitvička라고 답할 것이다. 자연경관에 인색하기 짝이 없어 그랜드 캐니언을 보고도 "그랜드 캐니언이 정말 여기 있네."라고 시큰둥했던 내가 석회질이 섞여 에메랄드색이 나는 거대한 호수를 앞에 두고는 찬사와 박수를 아끼지 않았으니 말이다. 호수는 마치 탄산수를 섞어 놓기라도 한 양 청량하게 톡 쏘는 빛깔을 띠어 전설 속에 나오는 생명체를 숨겨 놓은 듯이 신비스럽기만 했다. 볼거리보다 느낄 거리를 위해 여행한다는 나의 신조가 무너진 곳이었달까.

유럽 최고의 도시 경관이 무엇이었느냐 묻는다면 두브로브니크 Dubrovnik라고 답할 것이다. 성벽을 따라 도시 둘레를 360도 회전하며 내려다보는 도시는 약간만 걸어도 달라지는 각도에 일일이 기록하고 싶을 만큼 시시각각 새로운 명장면을 풀어냈다. 도시 전체에 아련한 주황색 지붕이 얹혀 있고, 담대한 파도가 너울거리는 수평선이 이를 에워싸고 있어 보색으로 대비된 정경은 시간을 멈추어 버렸다. 비싼 입장권을 받는 상술에 절대 놀아나지 않겠다고 한사코 자신했던 지난날의 언사가 한낱 농으로 전락한 장소였다.

가장 큰 고민거리를 안긴 유럽 도시가 어디냐고 묻는다면 자다르 Zadar라고 답할 것이다. 노을 맛집이라는 수식어에 걸맞게 도시 전체가 참한 붉은빛 아래 서정적으로 빛났지만, 속을 들여다보니 서정은커녕 명랑 쾌활하기만 했기 때문이다. 어둠이 짙어질수록 도시의 젊은이들이 온갖 금은보화로 치장하고 맥도날드로 모여드는 광경을 상상이나 할 수 있었겠는가. 드넓은 주차장은 차를 세울 곳이 단 한 군데도 없었고, 매장 안으로 들어가니 무인 주문기마다 열 명씩은 늘어서 있는데, 모두 밤 문화를 즐기러 나온 잘 꾸민 젊은이들이었다. 깊숙이 숨겨둔 궁상스러운 어른의 잔소리가 나오고야 말았다.

"얘들아~ 그렇게 밤늦게까지 먹고 놀기만 하면 안 돼. 그리고 옷차림은 또 그게 뭐니?"

공교롭게도 위의 세 도시는 모두 크로아티아의 도시들이다. 그중 플리트비체와 두브로브니크는 유네스코 세계 문화유산으로 등재된 곳으로 세계적인 관광 명소이다. 불현듯 그런 생각이 들었다. 달리 노력하지 않아도 먹고 사는 데 지장이 없을 정도로 풍족해서 이 나라의 젊은이들은 햄버거를 먹으러 갈 때도 짙은 화장과 현란한 옷차림을 하는 걸까? 다른 나라에 와서 참견이나 하다니 멋쩍게 실소가 터졌지만, 그간 봐왔던 수수한 유럽의 젊은이들이 그리웠던 것도 사실이다.

다음날 일찍부터 해답을 찾으러 간 곳은 자다르 공립 도서관이었다. 단층 건물 외벽엔 책의 한 페이지를 오려낸 듯한 대형 벽보들이 붙어 있어 크로아티아어를 모르는 까막눈들에게 안내판 역할을 해준다. 중앙 로비를 중심으로 오른쪽은 열람실, 왼쪽은 어린이 전용관이 나오고 정면에 보이는 문을 통과하면 야외 정원이 나오는데, 정원 뜰에 놓인 대형 체스와 야외 카페는 쉬어 가는 나그네에게 안빈낙도의 쉼을 선사한다. 나라의 명운이 달린 일이라는 비장한 각오로 저벅저벅 들어간 그곳에서 마침내 애타게 찾던 젊은이들을 보았다. 열심히 책을 고르는 젊은 여자, 좁은 책장 사잇길을 웃으며 양보해 주는 청년, 아이와 함께 책을 읽는 젊은 아빠, 야외 카페에서 커피를 마시며 한창 토론 중인 젊은이들. 이 나라의 장래는 틀림없이 밝을 것이다.

급속도로 성장하는 나라들이 벌이는 실수 중 하나가 서둘러 책을 포기한다는 점이다. 민첩한 아이디어를 선점해야 자본주의의 승자가 될 수 있다는 생각에, 신식에 눈독을 들이고 구식은 맹독으로 취급해 책처럼 시간이 걸리는 방법은 성급히 단념한다. 중요한 건 아이디어는 밑천 없이 하늘에서 뚝 떨어지지 않는단 사실이다. 직간접 경험을 통해 축적한 폭넓은 지식을 바탕으로 탄생하는 것이 아이디어니까 말이다. 다양한 사례를 관찰하고 분석하고 예측해 내는 과정이 생략된 채 번뜩 떠오르는 아이디어는 없다는 뜻이다. 이때 책은 우리에게 친절하게 말한다. 일일이 몸으로 다 부딪칠 수 없어서 책이 존재하는 거라고.

아무리 그래도 감자튀김을 케첩에 찍어 먹을 때보단, 책장을 넘기다가 아이디어가 떠오르는 일이 더 많지 않을까? 맥도날드의 먹성이 이기느냐, 도서관의 지성이 이기느냐는 두고 볼 일일 테지만, 나라면 우리 가족을 합산하여 지성에 4표를 던질 것이다.

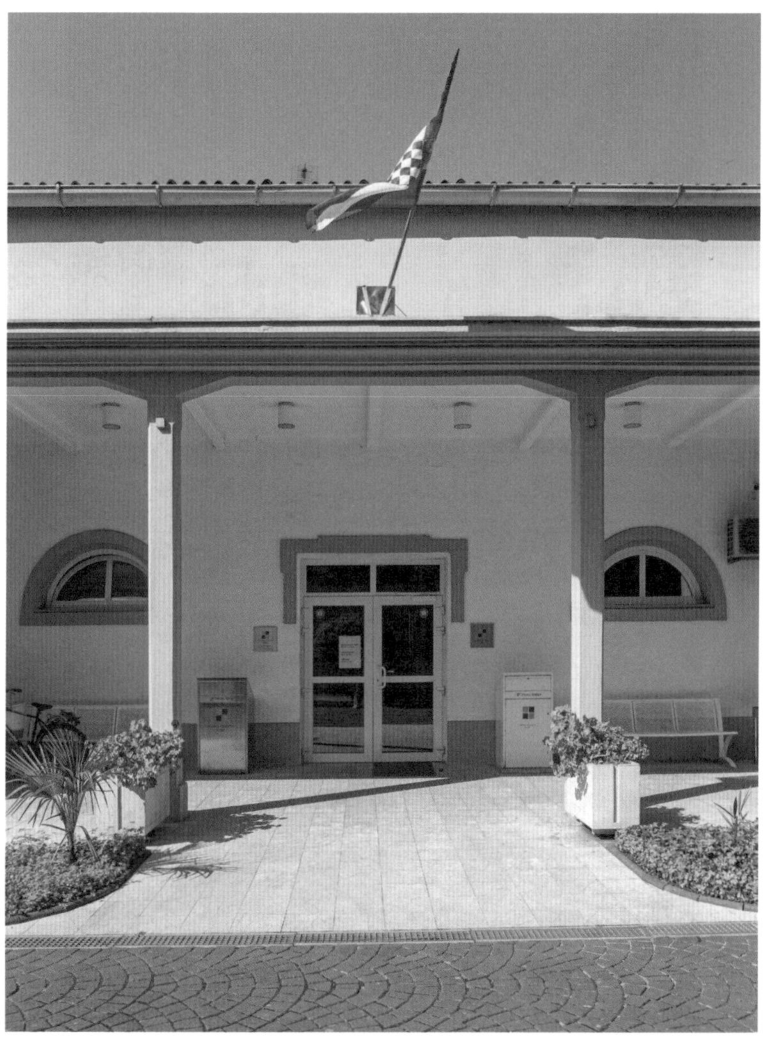

자다르 공립 도서관 Gradska knjiž nica Zadar (Zadar Public Library)

자다르 공립 도서관 Gradska knjiž nica Zadar (Zadar Public Library)

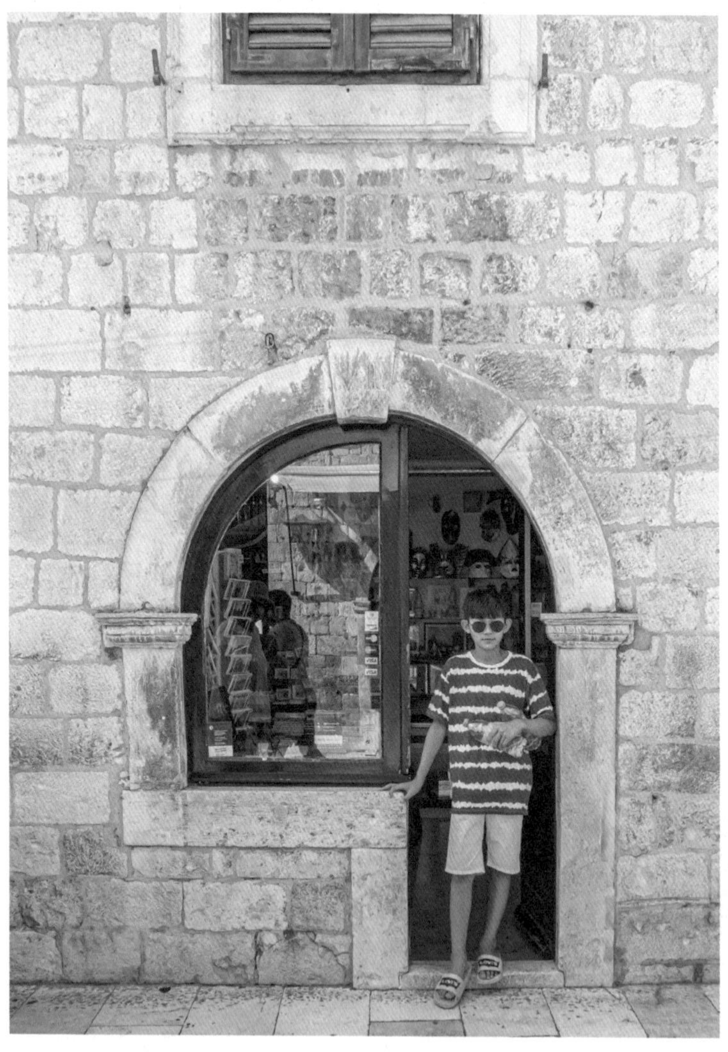

마티카 서점 Matica Hrvatska Dubrovnik

두브로브니크 성벽 위에서

Martin Smatana
Ein Jahr voller guter Nachrichten
Pattloch

비하치 Bihać

국빈 대접

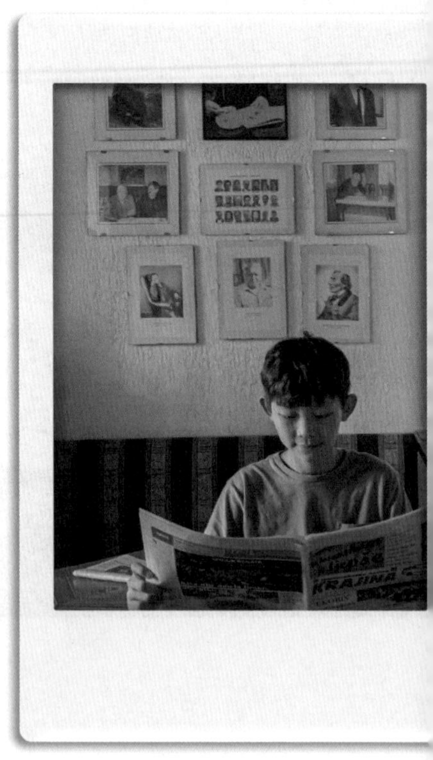

*

"위협적인 바보 연기를 하자!"

유럽으로 떠나기 전 여행자를 노리는 소매치기와 난민이 기승이라는 말에 떠올린 제안이었다. 1~2주 머무는 여행도 아니고 130일 동안 거처를 옮기는 가족 대이동이라 자물쇠가 튼튼한 가방만으론 영 안심이 되질 않아 미친 척을 하고 다니자는 우스갯소리였다. 외계어로 대화하고 되도록 기괴하게 웃으며 중간중간 괴이한 동작을 보여주면 백이면 백 소매치기가 우릴 피해 갈 거라면서 내친 김에 연습까지 했었다. 파안대소하며 근심을 날려도 잠시뿐, 여행이 다가올수록 인종 차별이나 비행기 연착 등은 얼마든지 감수할 수 있으니 제발 소매치기를 만나는 일만 없어라. 기도는 간절했다.

다행히 딱히 연기하지 않았는데도 여행은 순조롭기만 했다. 소매치기는커녕 유럽엔 신사 숙녀 여러분만 사는지 모두들 상냥했고, 도움을 주려 했고, 아늑하기만 한 안전 가옥 그 자체였다. 역시 걱정은 미리 할 게 못 된다고 안심하던 끝에 불현듯 다시 생각해 보니 유럽이 안전한 게 아니었다. 책장 곁이라 안전한 것이었다. 책을 좋아하고 즐기는 사람

중에 고루하고 답답한 사람은 있을지언정 나태하고 악한 사람은 여태 본 적이 없으니 말이다. 지성과 감성은 심성도 말랑말랑하게 녹이는지, 책을 따라다니는 발걸음에 배타적인 시선은 없었다. 더욱이 어린 두 아들을 데리고 입장하는 외국인 부부에겐 책장 곁 누구나 절대적 관심과 배려를 보내왔다. 그보다 더욱 중요한 사실은 소매치기는 도서관에 책을 읽으러 오지 않는다는 것. 안전할 수밖에!

책장 곁을 여행하기로 정한 건 잘한 일이라며 자화자찬을 아끼지 않을 무렵 우리는 다소 난처한 나라에 발을 들이게 되었다. 크로아티아와 국경이 맞닿은 보스니아 헤르체고비나가 그곳인데, 가볍게 들를 마음에 모든 걸 예약하고 보니 이곳은 EU 국가도 유로를 쓰는 나라도 아니었던 것이다. 게다가 생애 최초로 국경선을 넘는단 사실에 긴장감이 극에 달하자, 그 옛날 '보스니아 내전'이 떠오르며 급기야 '위협적인 바보'가 되어갔다. 아무도 신경 쓰지 않는 국경 초소에서 영화 속 탈출을 시도하는 가족처럼 볼을 일그러뜨리는 웃음까지 짓느라 여권을 달라는데 한술 더 떠 국제 면허증까지 냈으니까 말이다. 국제 면허증이 뭔지 설명하느라 다소 시간은 지체되었지만, 허무하리만큼 무사히 국경선을 넘은 우리는 인근 도시 비하치를 향해 마지막 페달을 밟았다.

서부 영화에서나 보던 건초 더미가 두루마리 휴지처럼 돌돌 말려 벌판 어귀마다 간간이 보이는 비하치는 전형적인 농가의 향취를 풍기는 지역이다. 낮은 산길을 따라 드문드문 나타나는 집들은 유럽의 여느 외곽처럼 고립무원이지만 무릉도원이었다. 비하치 도심으로 들어서는 길목은 그날따라 공사로 가로막혀 우회해야 했는데, 예까지 와서 도서관을 포기할 수는 없어 길을 돌아간 덕분에 작은 도시를 순식간에 눈에 담을 수 있었다.

도착한 비하치 공공도서관은 노란 외관의 3층짜리 건물로 도시 중앙에 소담하게 자리하고 있었다. 이곳을 방문하는 한국인은 우리가 최초일 것 같다는 알 수 없는 승리욕이 생겨 당당하게도 벌컥 문을 열고 도서관을 향해 행진했다. 1층 열람실의 중년 남성 사서는 깜짝 놀란 눈으로 우리가 최초의 한국인, 어쩌면 최초의 동양인 방문객임을 증명해 줬다. 간신히 진정된 사서는 마음껏 책을 보고 사진도 찍으라며 그제야 어디서 왔는지, 어떻게 오게 되었는지, 심지어 최근 한국 뉴스 얘기까지 물으며 곱디고운 다정함을 선물해 줬다.

시간이 넉넉하지 않았던 우린 간단히 작별 인사를 나누며 2층으로 올라갔다. 오래된 주택에서 나는 냄새와 함께 패브릭을 덧댄 의자와 고가구, 오래된 소품을 감미롭게 배치한 응접실 옆엔 아이들 전용관이 자리했다. 어린이 열람실의 사서 할머니는 우리를 반갑게 맞이한 뒤 어디론가 전화를 해 다그치는 목소리로 통화를 하셨는데, 그러려니 하고 현지인이 쓴 독후감 등을 살펴보다 이내 가야겠다고 말하자, 다급하게 우리를 따라 나와 붙잡고 늘어지기에 이르렀다. 때마침 계단에는 젊은 여자 사서 한 명이 올라오고 있었는데, 알고 보니 그녀는 느닷없이 나타난 외계인 가족에게 도서관 투어를 시켜줄 영어 능통자였다. 그렇게 우리는 도서관은 물론 비하치 도시 구석구석을 무료 가이드와 함께 둘러보았다.

"이런 국빈 대접은 처음이야."

우리가 책을 사랑하는 최고의 이유는 (책을 좋아하는) 사람이다.

비하치 공립 도서관 Universitätsbibliothek

비하치 공립 도서관 Universitätsbibliothek

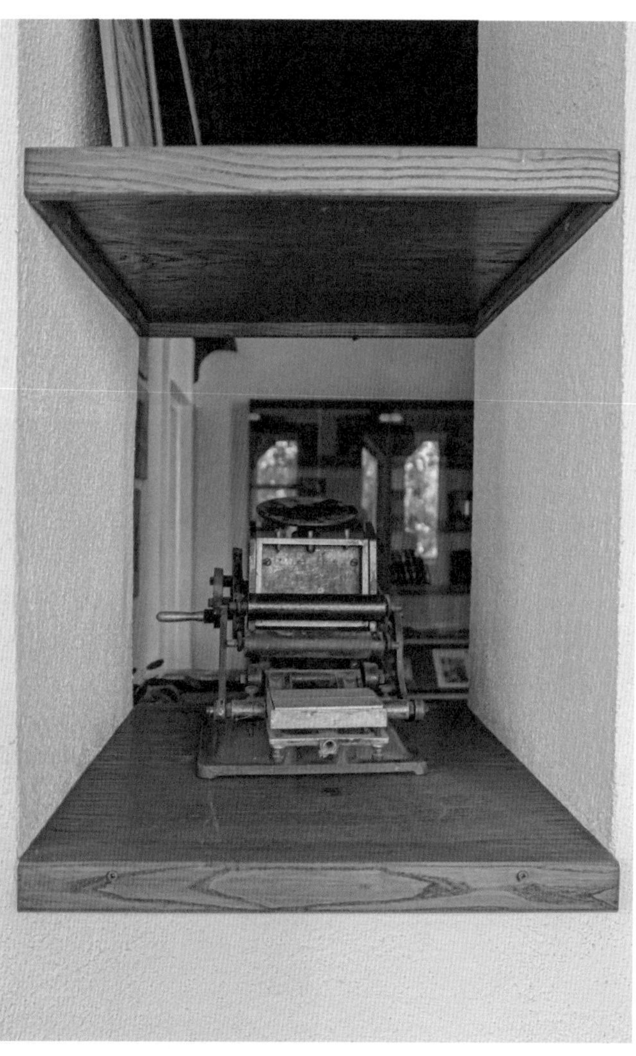

코토르 Kotor

바다 위의 도서관

*

그 어떤 대문호의 작품에서도 이처럼 달콤한 문장이 귓가에 내내 맴돈 적은 없었다.

"바닐라 맛 한 개, 초콜릿 맛 한 개 주세요."

영영 버킷 리스트로 남을 줄 알았던 크루즈 여행에서 아이들은 하루에도 다섯 번씩은 이 달콤함을 외쳤다. 11층에 있는 수영장과 자쿠지 옆에 말캉하게 똬리를 트는 소프트아이스크림이 무제한 무료였기 때문이다. 광활한 바다를 묵직하게 가르며 나아가는 크루즈 안에는 실로 없는 게 없었다. 암벽 등반·파도타기·미니어처 골프·농구장·육상 트랙·테니스 코트·카지노·면세점·극장·아이스링크 공연장 등 놀기 위해 만들어진 공간만 몇 개 층에 이른다. 작은 기종이라 하는데도 15층 높이였고, 날마다 펼쳐지는 공연 보랴, 바다 바라보랴, 때때마다 기항지에서 여행하랴, 제때 밥 챙겨 먹기도 정신없을 정도였다. 더욱이 삼시 세끼 호텔식 뷔페와 정찬을 골라 먹을 수 있는 데다 객실까지 포함된 1박 가격이 영국 호텔 1박에도 못 미치는 금액이라 가성비가 좋다는 이질적인 칭찬까지 나왔다.

2배속으로 움직여도 다 못 누릴 거대한 배를 생각하면 첫 기항지였던 몬테네그로가 높은 파고로 취소된 건 차라리 잘된 일이었다. 발코니에서 코토르의 해안 도시를 바라보며 책을 읽는 여유에선 바닐라 맛이 났고, 크루즈를 훑고 다니는 발길에선 초콜릿 맛이 났으니까 말이다. 바로 그날 우리 눈에 덜컥 들어온 게 이 배의 도서관이었다. 구색만 갖춰놓은 수준이지만, 천장 중앙은 2층 높이로 뚫려 있어 개방감이 좋았고 테이블도 다섯 개는 놓여 있었다. 양쪽 벽에 꽂힌 백 여권의 책들 사이 여섯 권의 한국 책은 괜한 자부심이었고, 체스·체커·배틀쉽 등 집에서 즐기던 보드게임도 있어 아이들을 반색하게 했다. 특히 한쪽 전면 창밖으로 크루즈의 화려한 쇼핑몰 거리가 훤히 내려다보이는 소파 자리는 이 배가 우리에게만 선물해 주는 비밀스러운 아지트가 확실해 보였다. 아무도 관심 없을 이곳을 아무 때나 독차지할 생각에 회심의 미소가 스멀스멀 번졌다.

이튿날 여유만만하게 도서관에 들러 볼 만한 책이 있는지 살피려던 우리는 도서관에 발도 들이기 전에 꼼짝없이 얼어붙었다. 자리가 꽉 차 있는 게 아닌가. 마주 앉아 책을 보는 부부, 체커를 두는 커플, 혼자 커피를 홀짝대며 독서하는 남자, 크루즈에서 제공하는 스도쿠 문제를 푸는 여자….

"유럽인이여~ 지금 우리가 타고 있는 건 크루즈입니다.

나가서 놀아도 시원찮을 판에 책이라니 이 무슨 경거망동입니까?”

별수 없어진 우리는 스도쿠 문제지 네 장을 챙겨서 한 층 위 객실로 올라가 도서관에 있던 이들에게 항의라도 하듯 열심히 칸을 채워나갔다.

셋째 날 아이들은 점점 애가 타들어 갔다. 좀처럼 자리가 나질 않으니 틈만 나면 둘이 도서관을 염탐하고 오는 취미가 생기는 중이었다. 한참을 돌아오지 않아 아이들을 찾으러 갔더니 유럽인의 기세에 눌리지 않겠다는 기개로 체커든 우노 게임이든 할 수 있는 건 다 하는 모습이 낭창하기만 했다. 그도 모자라 아이들은 한국 책을 꺼내 읽는 척도 했는데, 제목이 『40대에 하지 않으면 안 될 50가지』였으니 시늉인 건 분명했다. 겨우 난 자리에 앉은 우리는 애먼 2회차 스도쿠 문제를 풀며 도서관을 차지했노라고 애써 위안을 삼았다.

넷째 날엔 드디어 도서관을 향한 집착을 버렸다. 대신 관성의 법칙처럼 아이들이 아침마다 들고 오는 스도쿠 문제를 푸느라 객실은 졸지에 수능 시험장이 되었다. 이 루틴 덕분에 우리 가족은 7회차 스도쿠까지 빼먹지 않고 칸을 완성할 수 있었는데, 크루즈에서 ‘가장 지적인 가족 콘테스트’가 있었다면 대상감이었으리라.

어느덧 항해 마지막 날이 되고 여독을 풀며 짐을 싼 뒤 마지막 도전을 외치며 도서관을 찾았다. 한산할 거라고 예상한 도서관은 여전히 붐비는 것도 모자라 책장마저 한껏 헐렁해져 우릴 몸서리치게 했다. 도저히 이해가 안 가 나가보니 야외 선베드에서 일광욕하는 대다수가 도서관에서 빼 온 책들을 읽고 있었다.

"유럽인이여~ 오늘은 크루즈 마지막 날입니다. 제정신입니까?"

고마웠다. 요즘도 책을 보는 사람이 있다는 넉넉한 증거가 되어줘서.

크루즈 도서관 Cruise Library

크루즈 도서관 Cruise Library

아테네 Athina

그리스 국립 도서관

National Library Of Greece

폴리테이아 서점

Bookstore Politeia

미코노스 Mykonos & 코르푸 Corfu

플러스 북카페

Plous Books & Coffee

비블리옥스브라 서점

Vivlioxwra Bookstore

미코노스 공립 도서관

Municipal Library of Mykonos

발레타 Valletta

아젠다 서점

Agenda Bookshop

Greece

Malta

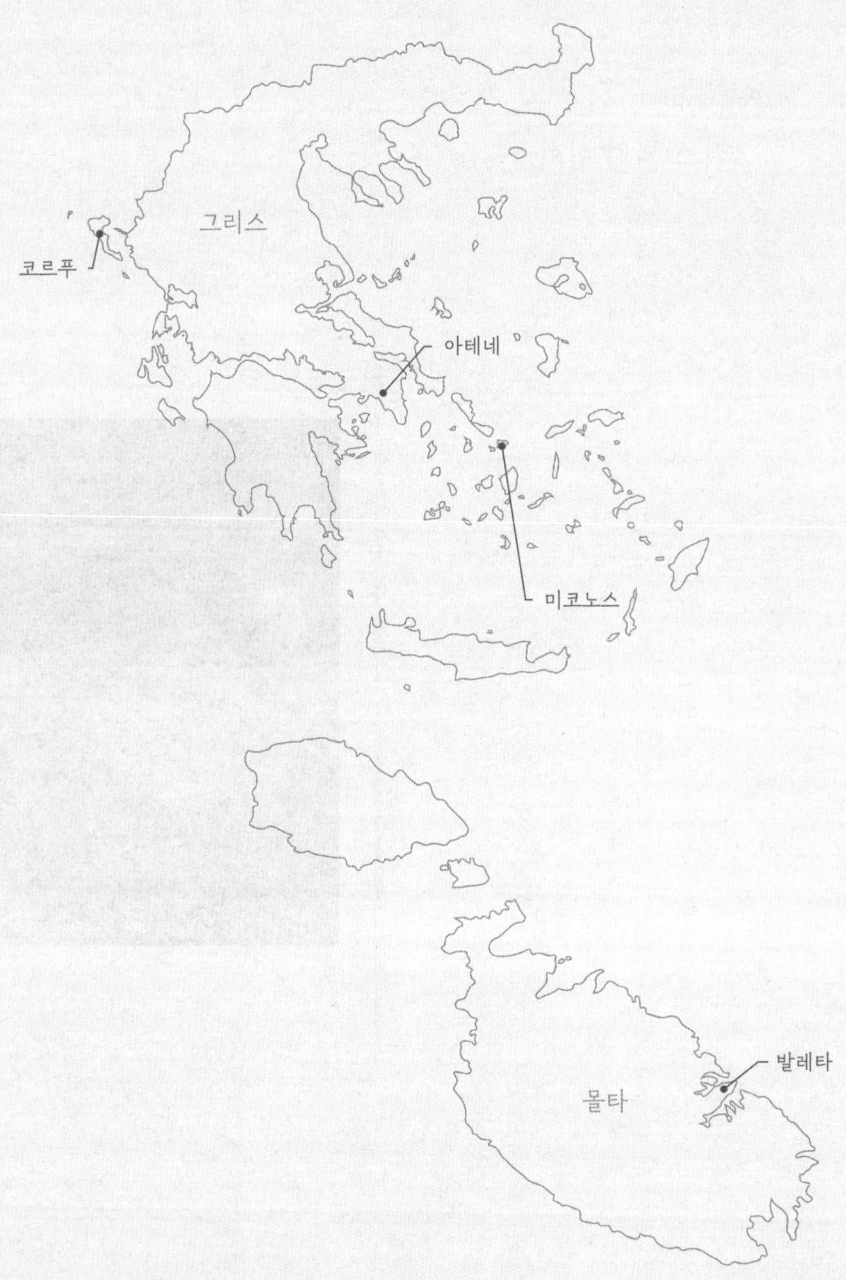
그리스
코르푸
아테네
미코노스
몰타
발레타

아테네 Athina

그리스 책의 신화

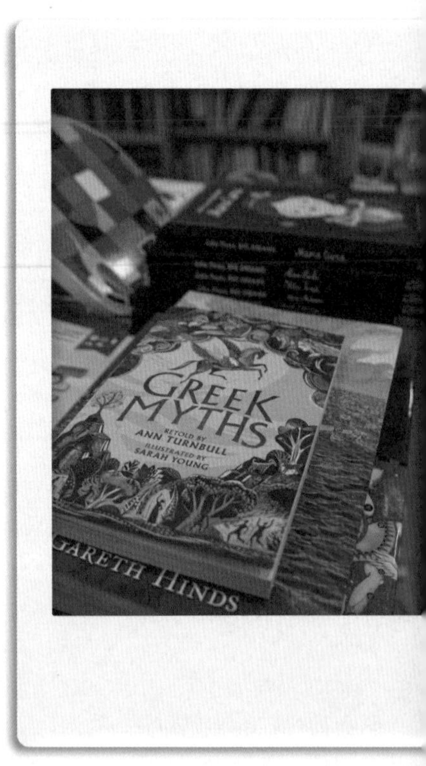

*

누군가는 민주주의를 떠올리고, 누군가는 올림픽을 떠올리며, 또 누군가는 신화를 떠올릴 테지만, 나에게 그리스란 플라톤이 떠오르는 나라이다. 소크라테스의 제자이자, 아리스토텔레스의 스승인 그는 한마디로 이 나라의 상징처럼 느껴지기 때문이다. 플라톤의 저서들은 소크라테스와 그의 제자들이 나눈 대화로 현장감이 가득해 읽는 내내 얘기에 껴들고 싶게 만드는 매력이 있다. 특히 그의 저서 『국가』에는 '정의'를 위해 '철인'이 필요하다고 쓰여 있어 정치와 교육에 대한 플라톤의 통찰을 엿보는 재미가 쏠쏠하다. 플라톤은 신과 동등하리만큼 완전무결한 철인을 양성하길 간절히 바랐는데, 그것이 그가 지금 대학의 모태인 '아카데미아'를 창립한 이유이기도 하다. 더욱이 이때 교육의 기회가 평등해지며 더불어 책도 모두에게 평등한 산물이 되었단 점은 플라톤을 기점으로 만인에게 평등한 책이 탄생했다는, 말하자면 '그리스 책의 신화'처럼 다가온다.

이런 플라톤의 숨결이 스민 아테네이기에 피레우스 항구에 내릴 때까지 책장을 향한 황홀경은 꺾일 줄을 몰랐다. 게다가 사진에서 봤던 그리스 국립 도서관은 굳이 파르테논 신전을 보지 않아도 될 정도로 신성한 장소처럼 보여 기대감은 무한정 커져만 갔다. 하나 지하철에 탑승하는 순간 삽시간에 도시의 적막감이 우릴 감쌌다.

"내가 생각했던 아테네가 아니야!"

열차 밖 건물은 울타리가 망가지고 페인트가 벗겨진 채로 우중충함을 대수롭지 않게 드러냈다. 열차 안의 현지인들도 지친 기색이 역력해 흐릿한 하늘 아래 아테네는 더욱 폐허에 가까운 모습이었다. 경기 침체라는 잿빛에 물든 그리스에서 신화의 흔적은 길가에 피는 잡초만도 못하게 희미했다.

비가 쏟아지려는지 후덥지근한 공기로 기분까지 매캐해질 때 제우스가 우리의 칭얼거림을 달래기라도 하듯 역전극이 펼쳐졌다. 속속 이 나라의 지성이 등장하기 시작한 거다. 마치 그리스는 건재하니 걱정은 넣어두라는 것처럼 말이다. 지하철을 갈아타기 위해 환승역에 내렸을 때, 신사 한 분이 성큼성큼 다가와 어디로 가는지 물어왔다. 외국인이 복잡한 노선도 때문에 겪을 어려움을 미리 헤아린 사려 깊은 행동이었다. 요청하지도 않은 도움을 주고 홀연히 뒤돌아서는 그의 뒷모습엔 지혜가 흘렀다. 플라톤의 후손이로구나!

덕분에 헤매지 않고 도착한 그리스 국립 도서관은 계단부터 신전 같았다. 기대감에 부풀어 사진을 몇 장 찍고 드디어 뒤쪽에 있는 입구에 다다랐더니 때마침 공사 중이던 도서관 문은 굳게 닫혀 있었다. 낙심할 겨를은 없었다. 우리의 실망을 예상이라도 한 듯 저 안에서 사서와 경비가 굳이 밖으로 뛰쳐나와 미안함을 전했기 때문이다. 누구의 잘못도 아닌데 거듭 사과하며 작은 상심도 보듬는 그들의 배려와 교양은 보지 못한 책장을 아름다운 기억으로 남겨줬다. 역시 플라톤의 후예구나!

도서관 대신 들른 근처 서점은 외관은 허름했지만, 넓은 면적에 지하까지 두 개 층이 모두 책으로 가득해 여전한 책의 인기를 가늠케 해줬다. 그들의 자부심인 '그리스 신화'가 다양한 판형으로 전시된 끝에 의외의 한국 번역서 『82년생 김지영』이 눈에 띄어 흡족하기도 했다. 무엇보다 이 서점의 이름인 '폴리테이아 Politeia'는 플라톤의 저서 이름이자 그리스어로 '국가'라는 뜻이다. 세상에! 이름마저 플라톤이구나!

플라톤의 『국가』 1장엔 누구나 알 법한 명문장이 하나 있다.

'그들 스스로 통치하기를 거부할 때 그들이 받는 가장 큰 벌은 자기들보다 못한 자들의 통치를 받는 것일세.'

이는 소크라테스가 자격을 갖춘 통치자의 중요성을 강조하며 언급한 문장인데, 만약 소크라테스가 책을 멀리하는 지금의 세태와 여전한 그리스인들의 책 사랑을 동시에 목격했다면 이렇게 바꿔 말할지도 모르겠다.

'그들 스스로 책 읽기를 거부할 때 그들이 받는 가장 큰 벌은 책을 읽은 자들의 통치를 받는 것일세.'

그리스 국립 도서관 National Library Of Greece

www.politeianet.gr
ΒΙΒΛΙΟΠΩΛΕΙΟ Πολιτεία

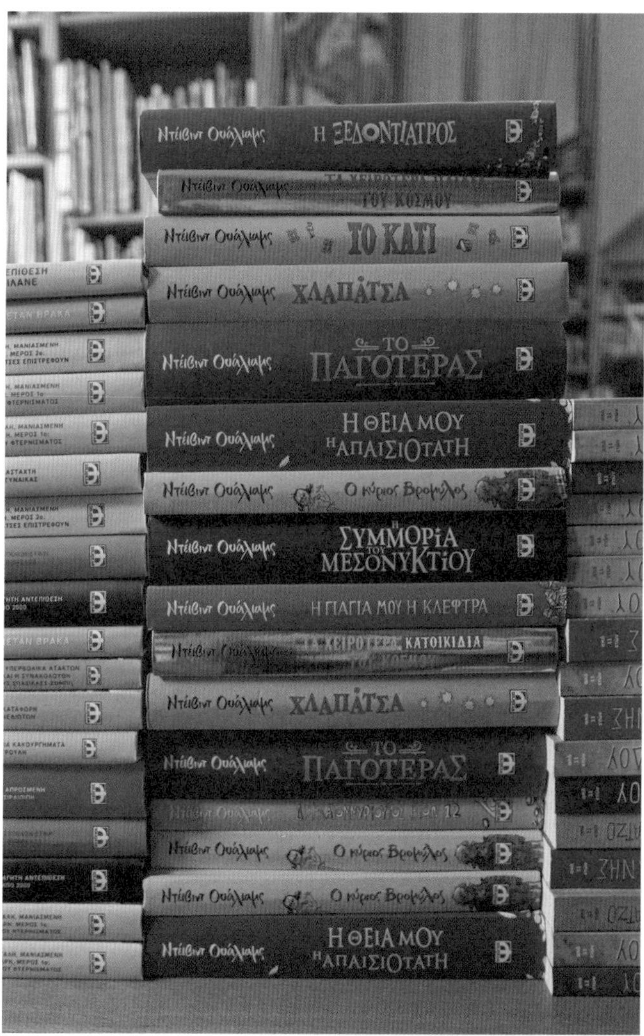

폴리테이아 서점 Bookstore Politeia

코르푸 Corfu & 미코노스 Mykonos

지중해의 숨은 보석

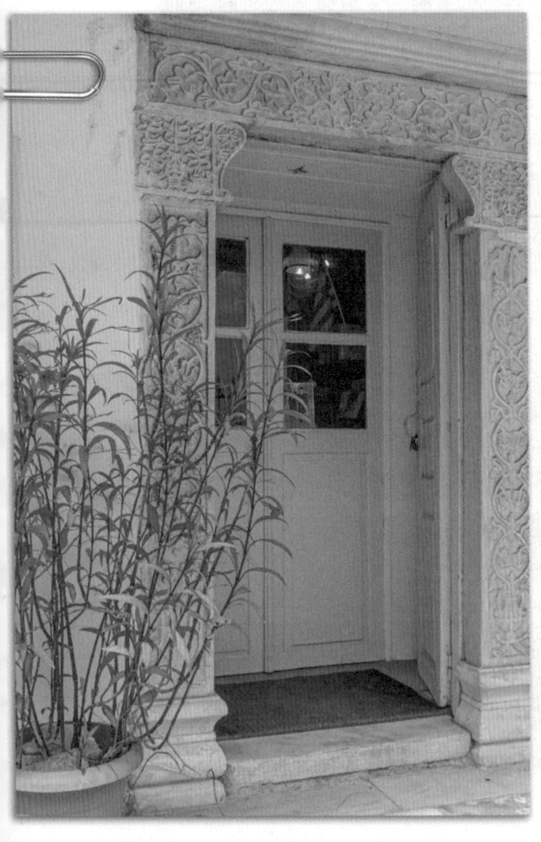

*

대륙에 둘러싸여 그 한가운데에 있다는 뜻의 지중해, 그중에서도 그리스, 그 안에서도 코르푸와 미코노스는 아테네와는 정반대의 풍광이 요동치는 고급스러운 휴양 도시이다.

"바다, 가을의 따사로움, 빛에 씻긴 섬, 영원한 나신 그리스 위에 투명한 너울처럼 내리는 상쾌한 비."

『그리스인 조르바』에 나오는 묘사가 꼭 들어맞는 이곳은 작가가 말했듯 복을 누리고 싶다면 죽기 전에 여행해야 할 곳들이다. 홀로 풍요를 머금은 이곳에서 곤궁한 흔적이란 볼 수 없었다. 모든 게 준비되어 수저를 들기만 하면 되는 잔칫상을 보는 것만 같았다.

"맘마 미아~! 이제 여기에서 서점만 찾으면 돼!"

안타깝게도 휴양 도시에서 여간 찾기 어려운 장소가 서점이다. 같은 임대료라면 기념품이나 먹거리를 파는 게 안정적인 선택이라 비싼 골목에 서점이 들어서는 경우는 드물어서다. 게다가 크루즈의 기항지로 명성을 떨치는 도시라면 책이 존재하기 몇 배는 더 힘든 높은 임대료를 자랑한다. 기념품 가게에서 섬을 소개하는 책자를 발견하면 행운이라 할 수 있다. 그러고 보면 바닥난 기대감으로 진입한 육지에서 서점을 만난 우리는 행운아일 테고 말이다.

코르푸는 그리스의 왼편에 있는 휴양 도시로 지중해 중에서도 이오니아해의 물결이 치는 섬에 있다. 몰라봬서 미안하단 생각이 들 정도로 해안가를 따라 빈틈없이 정비된 건물과 상가가 즐비해 유럽 부자들의 발길이 끊이질 않는다. 오죽하면 길바닥의 돌들이 오랜 세월 발걸음의 마찰로 반질반질해져 있을 정도였다.

부슬비까지 내려 미끈거리는 바닥은 슬리퍼를 신고는 걷기 힘든 상태였지만, 발가락에 안간힘을 주고 도착한 곳은 골목 귀퉁이에 있는 플러스 북카페였다. 궂은 날씨 탓에 평소보다 오픈 시간이 조금 늦어진 서점은 본의 아니게 문전성시를 이루는 진풍경을 연출했다. 문 앞에 불어난 사람들은 서로 오픈 시간을 확인하며 노닥거리기 시작했고, 임시 휴업일지 모른다는 불안감과 열리길 바라는 희망이 교차하는 와중에 주인이 올 것 같은 어귀를 중간중간 응시했다. 숨이 차게 달려온 주인이 열쇠를 돌려 문을 열었고, 선착순 이벤트라도 있다는 듯 처들어가는 그들의 어깨 너머로 다급하게 내린 커피 향과 진한 종이 냄새가 뒤섞여 진동했다. 코르푸에서 책을 갈망하는 인파를 마주하고 있자니 이런 생각이 스쳤다.

'내가 서점 오픈런을 다 해 보는구나!'

그리스의 오른쪽 남부 에게해에서 반짝거리는 미코노스섬은 산토리니와 분간이 안 될 정도로 닮았다. 온통 하얀 벽과 파란 지붕으로 뒤덮여 도시 전체가 포토 존인 이곳은 항구에서 도심까지 쉽게 접근할 수 있어 매년 관광객이 증가하는 덕에 그들의 호주머니를 노리는 명품 상점이 즐비하다. 책은 정녕 꿈도 꾸지 말자는 생각도 잠시, 도착한 지 5분 만에 서점을 발견했다. 구글에서조차 검색이 안 되던 비블리옥스브라 서점은 작은 규모에도 하얗고 파란 기념품이 천장과 가판대에서 달랑거리며 미코노스식 인사를 전하고 있었다. 그리스의 섬과 관련된 여행 책들이 전면에 있지만 틈바구니를 살피면 각종 고전 시리즈와 신간도 가득해 책에서도 그리스의 냄새를 맡을 수 있는 곳이다.

서점을 발견한 행운에 이어 미코노스에서 우연히 공립 도서관을 찾은 건 어안이 벙벙한 행복이었다. 시끌벅적함이 사라지는 골목에 자리해 관광객들의 손때로부터 무사히 평화를 지키고 있는 이곳의 내부는 하나의 빈티지 상점 같은 감성이 녹아 내리고 있었다. 고가구 위에 자유분방하게 쌓인 책들은 은근히 질서정연했고, 투박한 양동이에 무심하게 꽂은 생화는 절묘한 감각을 뽐냈다. 도서관에서 모처럼 듣는 사서가 선곡한 재즈 선율은 공간을 녹이며 정신을 몽롱하게 해 저절로 끄덕끄덕 어깨를 들썩이게도 했다.

"맘마 미아~! 이래서 다들 그리스를 예찬했던 거구나!"

플러스 북카페 Plous Books & Coffee

플러스 북카페　Plous Books & Coffee

COMEDIE PARISIENNE
La Loie Fuller
CREATION

ΕΙΔΗ
ΔΩΡΩΝ
ΒΙΒΛΙΟΧΩΡΑ
ΚΟΡΑΣΙΔΗ Β
THE LABORS OF HERCULES
GREEK MYTHOLOGY
THE HARE AND THE TORTOISE
THE ARGONAUTS
MONSIEUR MADAME
Les douze dieux
MR MEN LITTLE MISS
GRIECHENLAND
MONSIEUR MADAME
LA GRECE ANTIQUE
L'ACROPOLE

비블리옥스브라 서점 Βιβλιοχώρα Vivlioxwra Bookstore

미코노스 공립 도서관 Municipal Library of Mykonos

발레타 Valletta

몰타어를 말하는 어린 왕자

*

내가 17년을 짝사랑한 나라가 몰타다. 어느 날 대학 동창이 들떠서 했던 소개를 복기해보면 지중해 변방에 있는 섬나라 몰타는 영어를 모국어로 쓰고, 물가도 싸며, 국민성도 낙천적인 데다 바다에선 광채가 난다고 했다. 지중해에 둥둥 떠다니는 상상만으로 쳇바퀴 같은 직장인의 삶은 위로받았고, 마치 시민권을 받은 사람처럼 누울 자리를 자세히도 들여다보았다. 태어난 곳이 아닌데도 그 작은 섬 어딘가에 있을 고향을 그리워하며 내내 갈망했던 나라가 몰타였다.

익숙해질 대로 익숙해진 몰타라 예상을 벗어나는 풍경은 한 평도 되지 않을 줄 알았는데, 불행히도 예상은 빗나갔다. 몰타의 영어는 이탈리아어와 아랍어가 뒤섞여 독특한 소리를 냈고, 쇼핑몰·클럽 문화·카지노·F1 유치 등으로 작은 섬은 수선스럽기만 했다. 교통 체증마저 심각해 택시비가 수월찮은 이곳에서 오직 내 예상과 맞아떨어지는 곳은 코미노섬 앞에 펼쳐진 '블루 라군'뿐이었다.

과거 몰타는 카르타고(현재의 튀니지)·로마·시칠리아·에스파냐·아랍 아글라브 왕조·영국에까지 오랜 기간

지배당했던 나라이다. 1964년에야 간신히 독립을 이뤄 아름다운 바다 말고는 몰타 고유의 매력을 찾기가 쉽지 않다. 이탈리아인지 아랍인지, 때때로 유럽이 맞는지조차 혼란스러운 이질감에 담담히 도서관과 서점을 포기하기로 했다. 몇 군데 있지도 않겠지만, 영어를 모국어로 쓰는 몰타에서 찾을 수 있는 책이란 식민지의 잔재쯤 될 거라는 뼈아픈 짐작이 스쳐서였다.

재밌는 건 기대를 내려놓을 때마다 어김없이 반전이 우릴 기다렸단 사실이다. 매일 똑같은 옷이 지겨워 간만에 옷을 사러 나간 시내에서 아젠다 서점 Agenda Bookshop을 발견했다. 아젠다 서점은 고작 인구 53만 명인 몰타가 자체적으로 만든 서점 체인이다. 더군다나 그들의 목표가 한때 그들을 지배했던 영국보다 뛰어난 서점을 만드는 거라고 하니 우레와 같은 함성이 터져 나와도 모자랄 일이었다. 스킵 플로어 형식으로 지어져 반 개 층만 올라가면 새로운 섹션이 나오는 이 서점은 실제로는 2층 높이를 네 개 층으로 나누어 놓았다. 2층에서 책을 보던 둘째는 반가운 목소리로 이렇게 외쳤다.

"형~ 여기에도 『어린왕자』 책이 있어."

궁금해 다가가 책을 들춰보니 맙소사! 몰타어로 쓰여 있는 게 아닌가. 더욱 놀라운 건 몰타어로 쓰인 책들이 주변에 가득했단

점이다.

"몰타는 모국어를 지키고 있었구나!"

줏대에 반한 우린 읽지도 못할 몰타어판 『어린왕자』를 냉큼 사버렸다.

몇 해 전까지 서울의 도시 표어는 'Hi? 서울'이었다. 세계화에 발맞춘 의도였을 테지만, '안녕?' 대신 'Hi?'를 쓴 건 아쉬웠다. 'Hi?'라고 쓴다고 해서 외국인 관광객이 늘지는 않을 테니까 말이다. 영어로만 쓰인 상점 간판과 식당 메뉴판도 도마 위에 오른 적이 있었다. 사장님이 교포라서 그런가 했더니만, 정작 외국인이 영어로 하는 주문엔 당황했다고 한다. 소통에도 실패했지만, 무엇보다 모국어를 푸대접하는 민낯만 증명한 꼴이다.

6년간 성인을 대상으로 영어 강의를 했을 때 수강생들의 한국 이름을 그대로 불러줬었다. 간혹 영어 이름을 짓지 않는 이유를 물어올 때면 이렇게 답했다.

"박지성은 밖에 나가도 박지성이에요. 조수미도 조수미고요. 무엇보다 에이미, 브라이언이 된다고 갑자기 영어가 잘 되진 않을 거예요."

주체성과 함께 모국어를 푸대접하면 안 된다는 걸 강조하고 싶었다. 영어를 배우면서 가장 머뭇거리는 때가 'In my opinion….(내 생각에는)'인 걸 고려하면, 어휘와 문법을 잘 알아도 '의견'이 없는 언어는 죽은 언어이기 때문이다. 영어 이름 지을 시간에 생각을 더 키우라는 의도였다.

모국어를 잘한다는 건 언어에 통달했음을 말한다. 화자와 필자의 말을 이해하고 더 나아가 나의 말을 할 줄 아는 게 언어의 통달인데, 그리하여 언어의 최종 단계에서는 '의견'이 생겨난다. 그런 이유로 모국어를 통달하지 못한 사람이 외국어를 통달할 수는 없다. 더 나아가 이제는 AI가 글을 쓰는 시대에까지 진입했다. 챗GPT에 '40대가 『어린왕자』를 읽고 여우와 관련해 느낀 감상문'을 요구하면 웬만한 작가를 뛰어넘는 글을 단숨에 내놓는다. 인간 고유의 경험과 문체가 지독하지 않으면 이제는 AI가 다 훔쳐 가는 시대가 되었단 뜻이다. 몰타엔 몰타어로 쓰인 『어린왕자』가 많았다.

In my opinion, 인간의 문체와 책이 좀처럼 도둑맞지 않을 이 빛나는 섬은 계속 짝사랑해야 옳다.

몰타의 어느 골목

아젠다 서점　Agenda Bookshop

LITERATURE
A-Z FICTION
NON-FICTION
NON-FICTION

Switzerland Portugal Spain

제네바 Geneva

유니 마일 도서관

Library Uni Mail

제네바 도서관

Bibliothèque de Genève

체어마트 Zermatt

잽 서점

ZAP*

베가북스

WEGA Books

포르투 Porto & 코스타노바 Costa Nova & 아베이루 Aveiro

라티나 서점

Livraria Latina

파파 리브로즈

Papa Livros

알메이다 가렛 도서관

Biblioteca Municipal Almeida Garrett

바르셀로나 Barcelona

가브리엘 가르시아 도서관

Biblioteca Gabriel García Márquez

오나 서점

Llibreria Ona

카탈루냐 국립 미술관

Museu Nacional d'Art de Catalunya

CRAI 도서관

CRAI Biblioteca

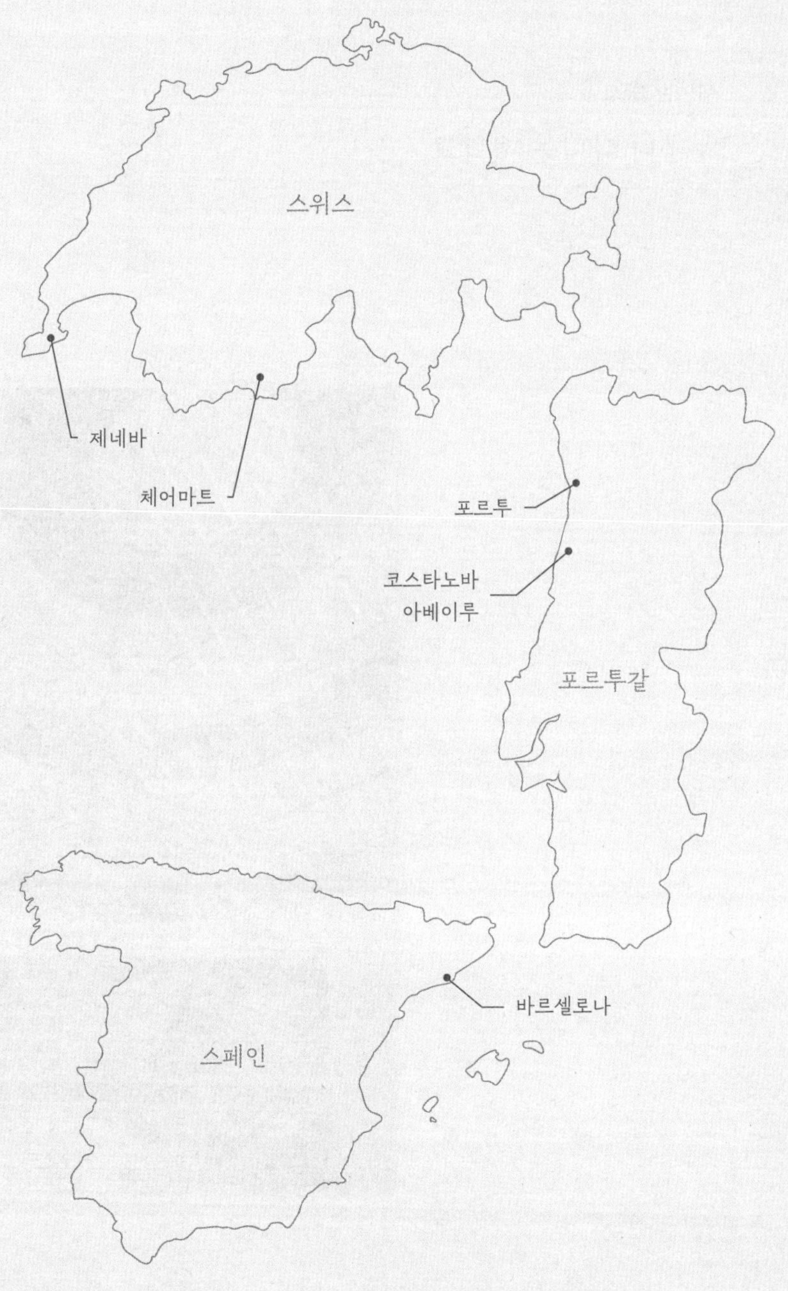
스위스
제네바
체어마트
포르투
코스타노바
아베이루
포르투갈
바르셀로나
스페인

제네바 Geneva

누구나 다니는 대학교

*

스위스에는 누구나 들어갈 수 있는 대학이 있다. 입학을 허락한다는 뜻은 아니고, 입장을 허락한다는 말이다. 스위스의 대학은 학교 도서관을 일반인에게도 개방하는데, 심지어 신분증을 요구하거나 나이를 제한하는 일도 없다. 유럽 내에서도 유독 물가가 비싼 스위스를 두고 처음엔 뒤에서 구시렁대기도 했지만, 제네바에서 유일한 놀이터가 되어준 대학 도서관들을 만난 뒤부턴 언제 그랬냐는 듯 스위스를 추어올리고 있다. 물가만 높은 게 아니라 의식 수준도 높은 스위스였다고.

스위스 현지 물가는 대단히 높은 게 사실이다. 그도 그럴 것이 2020년 제네바에서 도입한 최저 임금은 23프랑, 한화로 3만 원이 넘는 수준이라 인건비가 높은 상황에서 물가가 낮게 유지될 수 없는 건 인지상정이다. 영국의 경제지인 이코노미스트가 빅맥 햄버거의 가격으로 물가를 비교하기 위해 고안해 낸 빅맥지수만 보더라도 스위스는 6.70프랑(약 9,700원)으로 선두를 달리고 있다. 지수의 기준이 되는 미국은 5.58달러(약 7,300원), 한국은 5,500원이다. 이러한 사정을 알면서도 제네바에서 가볍게 외식하거나 마트에서 장을 보는 일은 영 긴장되는 일이 아닐 수 없었다. 4인 가족이 간신히 끼니를 때운 수준인데 계산서엔 10만 원이 넘게 찍혀 있고, 헐렁하게 장바구니를 채워도 7~8만 원 돈은 우스운 나라가 스위스였으니까 말이다.

처음엔 반감이 새록새록 일어 다짜고짜 비판을 늘어놓았었다. 그도 모자라 그들이 가진 역량과 장점을 깎아내리는 무례까지 보탰다. 제아무리 관광·금융·시계·고부가가치 산업이 발달했다고 해도 비정상적인 물가가 발목을 잡는 날이 올 거라고 부정하면서 말이다. 이런 부정적인 생각을 깔끔하게 사라지게 해준 건 대학 도서관의 존재였다.

처음 우리가 방문한 곳은 유니 마일 도서관이다. 거대한 유리 천장 아래 빨강·노랑·초록·파랑의 대형 아크릴판을 링과 사각형 모형으로 설치해 놓았는데, 햇빛이 투과하면서 만들어진 무지갯빛이 하얀 벽면을 채색하고 있었다. 쭉 뻗은 홀 주변에는 건물 위로 올라가는 널찍한 계단들이 군데군데 있는데 걸터앉을 수 있는 모든 자리에 학생·교수·시민들이 꽉 들어앉아 토론하기에 여념이 없었다. 열람실에 들어가기 전까진 쇼핑몰에 잘못 들어섰다고 착각했을 정도로 북적였다. 서적이 주는 정보는 누구에게나 평등하게 제공될 권리가 있다고 믿는 그들은 열람실에서조차 아주 어린 외국인의 방문에 눈총을 주지 않는다. 어린 동양 아이의 방문이 신기한지 약간의 주목만 받았을 뿐이다. 이게 어느 나른한 평일 오후의 스위스 일상이라니 스위스 대학 입학처에 당장 문의라도 넣고 싶었다.

두 번째로 찾은 곳은 1559년에 설립된 제네바 도서관으로 제네바 출신 인사들의 저서 및 논문 등을 소장하고 있는 역사적인 장소이다. 현재는 제네바대학의 도서관으로서 그 기능이 집중되어 대학생으로 보이는 젊은이들의 학업이 한창이었다. 유서 깊은 건물의 위엄에 잠시 눌려 일반인 출입은 어려울 것 같다는 짐작에 주저하며 사서에게 허락을 구했더니, 도리어 어이없다는 표정으로 저쪽으로 올라가라는 시큰둥함이 그토록 감동일 수가 없었다. 제네바대학 도서관은 학생이 방해받지 않도록 일반인의 열람 및 대출을 제한하면서도, 제네바의 지성미를 여과 없이 보여줄 수 있는 일부 열람실은 개방해 모두를 만족시키고 있었다. 작고 척박한 나라를 일류로 만든 저력은 책 앞에 모두가 평등하게 모여들어 끊임없이 탐구하는 그들의 일상에 있었다.

제네바는 대학 도서관의 기능이 유달리 활약하는 도시다. 대학 도서관을 개방한 덕분에 한창 공부 중인 학생들의 열기는 도시의 자극제가 되었고, 어디에서나 자유롭게 토론하는 문화는 일반인도 학자들과 섞일 기회를 제공한다. 책장 중에서도 학생들이 있는 책장을 공개했더니 도서관이 단지 책을 보는 장소에 머무르지 않고, 모두가 뒤섞여 책을 탐구하는 장소로 변모했다. 우리의 도서관과 독서실에도 분명 그 말뜻엔 '글 서書'자가 있는데 어쩌면 우리가 보는 글이란 시험 기간에 보는 문제집이 전부인 걸까 속상함이 밀려들기도 했다. 스위스의 대학 도서관에서 '서'자를 빌려올 때다.

유니 마일 도서관 | Library Uni Mail

유니 마일 도서관 Library Uni Mail

제네바대학 도서관 Bibliothèque de Genève

체어마트 Zermatt

문맹률 100퍼센트 마터호른 산악 열차

*

3대가 덕을 쌓아야 볼 수 있다는 명산의 봉우리가 마터호른이다. 알프스산맥 4,478미터 고도에 있어 유럽의 지붕이라 불리는 융프라우(4,158미터)보다도 높아 구름에 가려지는 날이 허다하기 때문이다. 봉우리로 가는 산악 열차를 타기 위해서는 먼저 체어마트라는 도시를 거쳐야 하는데, 해발 고도 1,608미터에 있는 산악 도시라 험난한 여정을 보내야만 한다. 그렇다고 해도 마터호른을 볼 수 있는 일생일대의 기회인데 최소한 이 정도 수고로움은 감내해야 하지 않겠는가.

새벽같이 제네바에서 올라탄 열차는 점심이 다 되어서야 체어마트에 도착했다. 해가 포근하게 내리쬐는 도시의 풍경은 마터호른을 볼 수 있겠다는 기대감을 주기에 충분했다. 지체할 것 없이 올라탄 산악 열차에 앉아 10분쯤 지나니 저 멀리 마터호른이 보이기 시작해 3대가 덕을 쌓은 게 아니겠냐며 조촐하게 마음속 축포를 터트렸다. 봐도 봐도 질리지 않는 마터호른에서 눈을 떼지 못하던 그 순간 별안간 구름이 끼는가 싶더니 산봉우리의 모습은 온데간데없이 사라졌다. 아직 정상까지 30분은 더 남았으니 그사이 다시 구름이 걷힐 거라는 믿음으로 기다렸지만, 얄밉게도 구름은 더 짙어질 뿐 봉우리는 원래 존재하지 않았던 것처럼 보일 기미가 없었다. 멍하니 산을 바라보며 커피도 마시고 밥도 먹기를 한참, 아예 먹구름 색으로 변한 하늘에 이내 포기한 채 가방에 챙겨온 책을 펴는 순간 퍼뜩 이상한 점을 발견했다.

'책을 읽는 사람이 한 명도 없구나!'

유럽에서 책을 읽는 사람이 한 명도 없다는 건 정말 이상한 일이 아닐 수 없다. 하다못해 바닷가만 가도 땡볕에 일광욕하기 바쁜 사람들이 빼먹지 않고 들고 있는 게 책이기 때문이다.

사실 이유는 간단하다. 알다시피 바다는 어디를 가도 풍경이 비슷비슷해 그다지 큰 차이가 나지 않는다. 파도가 부서지는 모습을 보기보단 파도 소리를 들으며 책 읽기에 최적화된 환경이다.

반면 산은 어딜 가도 그 모양이 제각각이라 새로이 볼거리가 있을뿐더러 산을 올라야 하는 특성상 이동 과정에 집중해야만 한다. 단순히 말해 책을 볼 새가 없다. 기차를 타고 있던 나조차도 마터호른에 정신이 팔려 책이 아닌 구름이 낀 한 곳만을 응시했으니까 말이다. 그 순간 책을 꺼내 읽을 정도로 책에 푹 빠진 사람이라면 애초에 산을 오르는 계획 따위는 세우지도 않았을 것이다.

끝내 얼굴을 보여주지 않는 봉우리를 뒤로 하고 체어마트 시내로 돌아온 우리는 잽 서점과 베가북스, 두 군데의 책장을 들렀다. 체어마트 서점답게 마터호른과 알프스산맥을 다룬 책들이 주를 이뤘고, 알프스에서 나고 자란 듯한 귀여운 양 인형들이 군데군데 배치돼 있었다. 무엇보다 책을 집어 든 사람들도 그제야 눈에 띄었다. 봉우리를 볼 수 없게 되자 책을 꺼냈던 나처럼, 사람들도 더 이상 볼 게 없어지니 원래 내가 알던 유럽인들처럼 책을 보기 시작한 거다.

미디어가 습격한 세상의 모습이 그와 똑같다. 봐도 봐도 질리지 않는 총천연색 화면과 콘텐츠가 있는데 책을 볼 마음은 결단코 생겨나기가 쉽지 않다. 더구나 아이들이 자기 주도하에 화면을 포기하고 책을 볼 거란 상상은 안 하는 편이 낫다. 어른인 나도 마터호른을 앞에 두고 가방에 넣어둔 책을 까맣게 잊고 있었는데 하물며 아이가 책을 스스로 편다는 건 쉽지 않은 일이다. 그렇기에 미디어와 책이 양립할 수 없음을 깨달은 부모라면 아이의 미디어 시청을 적절히 제지할 줄도 알아야 한다. 제한이 없다면 봐도 봐도 질리지 않는 화면이 압승할 것이기 때문이다.

책을 쓰고 만드는 사람들에게도 마터호른은 절대적 힌트다. 봐도 봐도 질리지 않는 책을 쓰고 만들면 된다. 이를테면, 우리가 고전이라 부르는 것들 말이다. 책 하나가 수백 년의 시간

동안 읽힌다는 건 자연의 섭리보다 경이로운 일이다. 그 오랜 세월 하나같이 주옥같다는 찬사가 쏟아지는 게 말이나 되느냔 거다. 시대가 변함에 따라 정도껏 책의 형태는 타협해 가는 부분도 있겠지만, 알맹이가 또다시 수백 년에 걸쳐 통하려면 그 안에 마터호른이 담겨 있어야 한다. 넋이 나가도록 보고 싶은 것, 3대가 덕을 쌓아야 볼 수 있을 정도로 진귀한 것, 그 순간 다른 아무것도 필요 없을 만큼 절대적으로 집중하게 하는 바로 그런 것 말이다.

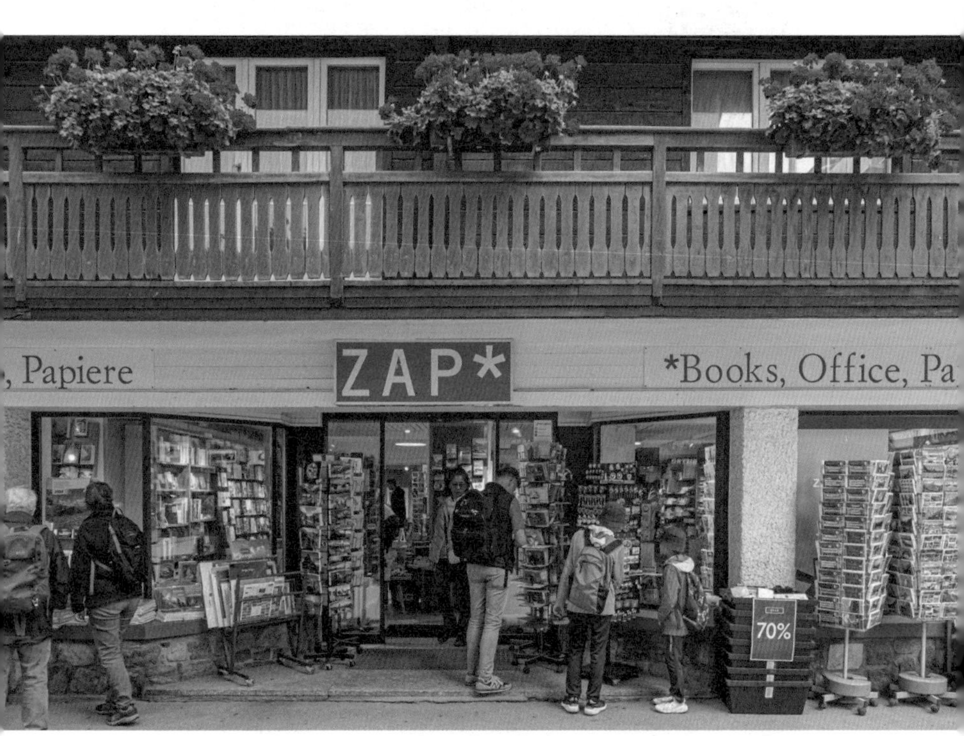

잡 서점 ZAP*

MONSTER
NÄHEN
KOSMOS
LICHTER
KETTE
KOSMOS
WATER
COLOUR
12 ml
24 ×
STRETCHED
CANVAS
OIL
COLOUR
12 ml
24 ×
WATER
COLOUR
GOUACHE
GOUACHE
333
ORIGAMI
print paper
GOUACHE
12 ml
24 ×
ACRYLIC
12 ml

잽 서점 ZAP*

ANDERLUST
Abenteuer
im Sommercamp!
SCHWEIZ
Quiz

베가북스 WEGA Books

wolli
29.-

마터호른에 올라서 펼친 책

Daphne (Fille avec voile bleu), 1903
Huile sur toile, 67 x 55 cm
Collection privée
123

포르투 Porto & 코스타노바 Costa Nova & 아베이루 Aveiro

국민 동화 작가의 서점

*

몇 해 전 유럽의 명문 서점을 소개하는 책에서 가장 인상 깊게 봤던 장소가 포르투에 있는 렐루 서점이었다. 아르데코풍 외관, 그윽한 금빛의 서가, 허공을 휘감아 가르는 계단 장식 등 서점을 치장하는 책 속 단어와 사진은 무엇 하나 눈을 떼지 못하도록 화려했다. 더욱이 대화 소리나 일부 플래시를 터트리는 손님들의 방해는 있지만, 직원들이 아늑한 환경에서 일하고 있단 내용은 더욱 마음을 잡아당겼다. 10년도 더 지난 책이긴 했지만, '아늑한 환경'이란 표현은 어쩐지 한가하단 얘기처럼 들려왔기 때문이다.

어쨌거나 포르투갈에 가게 된 것도, 여러 도시 중 포르투를 선택한 것도, 렐루 서점의 존재 때문이었다. 포르투의 파란색 문양 전통 타일인 아줄레주, 에펠과 그의 제자가 지었다는 마리아 피아 다리, 동루이스 다리도 '렐루'라는 충만한 목표 앞에선 단역이 되었을 정도로 이 서점은 우리를 포르투갈로 이끈 결정적 이유였다. 그러니 우리는 렐루 서점에 당연히 가야만 했다.

이튿날 아침 여독을 푸는 둥 마는 둥 서점 코앞에 잡은 숙소를 나와 다다른 렐루 앞은 시간대별 푯말 뒤로 여러 갈래 줄이 늘어서 상상 이상으로 혼잡했다. 파리 디즈니랜드에서 놀이기구 열다섯 개를 탔던 우리에게 기다림이야 문제가 되지는 않았지만, 우리는 서점의 기능을 누리고 싶은 독자이지, 해리포터의 모티브가 되었다는 내부 장식을 보고픈 관광객이 아니었다. 또한 숱하게 유럽의 책장을 본 경험상 입장권까지 내고 들어가 봐야 술렁이는 인파에 휩쓸려 책장 대신 키 큰 서양인의 등짝만 볼 가능성이 99.99999퍼센트란 사실도 알고 있었다.

우리는 과감하게 렐루를 포기했다. 아이러니하겠지만, 이제부터 말하려는 본론은 렐루의 효과다. 렐루 서점에 들어가지 않았을 뿐 책을 포기했다는 말이 아니니까 말이다. 우리에겐 여전히 포르투갈 사람들이 책을 대하는 태도와 그들에게 요즘 인기라는 책들을 살필 수 있는 표준적인 장소가 필요했고, 렐루 서점은 그 대안을 우리에게 줬다. 예를 들자면 라티나 서점·알메이다 가렛 도서관·파파 리브로즈·프낙 서점처럼.

굽이굽이 언덕을 따라 자그마한 건물들이 무질서 속에 질서를 이루며 이색적인 풍광을 뽐내는 포르투에서 책에 대한 궁금증을 해갈한 첫 장소는 라티나 서점이었다. 중앙 홀이

중정처럼 자리한 이곳은 벽면을 3층까지 두른 갈색 책장이 가지런히 책을 품고 있는 서점이다. 할아버지 사장님은 우리가 원하는 책을 찾을 때까지 따스하게 곁을 지키며 자유로운 사진 촬영을 허락했다. 그런 여유는 당시 포르투 최고의 베스트셀러가 프리다 맥파든Freida McFadden의 『하우스메이드』란 사실도 알려줬다. 렐루면 어떻고 라티나면 어떤가!

포르투 출신 작가 가렛의 이름을 딴 알메이다 가렛 도서관은 2001년 개관 이후 지역의 문화 중심지 역할을 도맡아 온 곳이다. 도서관은 방대한 책의 집합 공간인 동시에 음악·예술·박람회·발표회·전문가와의 만남 등을 주선하는 갤러리와 강당을 품고 있다. 갤러리에는 마침 두 개 층에 걸친 전시회가 열려 도슨트의 안내를 받으며 작품을 감상할 수 있었다. 건물 주변 넓은 공원과 그 위를 우아하게 무리 지어 다니는 공작새들은 낮과 밤 모두 사람들이 이곳을 찾게 하는 매력 중 하나이다. 렐루면 어떻고 가렛이면 어떤가!

포르투갈의 국민 동화 작가 아델리아 카르발류 Adélia Carvalho가 직접 운영하는 파파 리브로즈는 우리에게 가장 완벽한 포르투를 선물한 장소였다. 국내 출판사 북극곰에서 나온 『아빠 아빠, 재미있는 이야기 해주세요』의 원작자이기도 한 그녀는 한국에서 왔다는 두 아이를 위해 친히 창고에 들어가 한국어 번역본을 꺼내와선 능청스러운 한국말로 '북극곰'을 발음했다. 사진을 부탁하자 양팔 가득 아이들을 안고 사진을 찍어준 것도 모자라 구매한 책에 동화책의 한 장면처럼 친필 그림 사인을 해주기도 했다. 작가님의 잔향은 실로 대단했다. 줄무늬 건물로 유명한 근처 도시 코스타노바와 포르투갈의 베네치아라 불리는 아베이루에서 우리와 내내 함께 한 책이 카르발류 작가님의 책이었으니까 말이다. 렐루면 어떻고 카르발류면 어떤가!

렐루 서점은 우리에게 포르투갈의 책을 전부 보여줬다. 렐루가 없었다면, 애초에 포르투에 방문할 일도 없었을 테니 이것이 바로 앞서 말한 렐루의 효과다. 원조 맛집은 언뜻 홀로 호황을 누리며 독점하는 듯 보이지만, 후광 효과로 옆 가게들과 알게 모르게 공생한다. 인간 생태계와 마찬가지로 경제 생태계에서도 나 홀로 잘 살아가는 건 불가능해 가구거리, 카페거리 등의 경제 군락이 생겨나는 것이다. 책이 안 팔려 힘들다는 세상에선 특히나 잘 키운 책장 하나가 책 세상에 미치는 영향력을 간과해선 안 된다. 우리나라에도 렐루 서점이 생겨야 하는 이유이다.

라티나 서점　Livraria Latina

라티나 서점 Livraria Latina

파파 리브로즈 Papa Livros

ERA UMA VEZ
UM
CÃO

알메이다 가렛 도서관 Biblioteca Municipal Almeida Garrett

바르셀로나 Barcelona

가우디 말고 가르시아

*

유럽 24개국을 여행하고 왔다고 하면 응당 처음으로 묻는 말들이 "어느 나라가 제일 좋았어요?"이다. 불 보듯 뻔한 질문지를 두고 아이들에게 답을 연습시키기도 했다. 한국에 돌아가면 보나 마나 사람들이 제일 좋았던 나라를 말해 달라고 할 테니까 귀찮은 일이 되기 전에 미리 답을 생각해 두라고 말이다. 예상했던 대로 귀국 후 우리는 자동 응답기처럼 토씨 하나 틀리지 않고 모범 답안을 말하곤 했는데, 생각지 못한 킬러 문항이 시시때때로 나왔다.

"스페인은 어땠어?"

과연 코로나 시국 이전에 관광 대국 1·2위를 다투던 스페인답게 많은 이가 착즙기로 올리브유를 쥐어짜 만들 듯 스페인 여행기를 쥐어짜내길 바랐다. 사그라다 파밀리아는 소름 끼치게 멋진 곳이 맞는지, 산티아고 순례길은 다녀왔는지, 세비야 길거리에서 플라멩코는 춰봤는지, 소매치기는 안 당했는지…. 어서 자신의 로망을 충족시켜 줄 완벽한 스토리를 재미와 감동과 인사이트를 버무려 내놓으라는 표정들이다.

관심받는 게 불쾌한 일일 수는 없어 나름의 유머로 "가우디는 정말 멋지더라, 우리가 하루 평균 다섯 시간은 걸어 다녀서 가는 곳이 곧 산티아고였어, 춤에는 재능이 없지만 이제라도 도전해 볼까?"라고 얼버무리기 일쑤였지만, 사실 전하고 싶은 진짜 모범 답안은 있었다. "가우디가 문제가 아니야. 바르셀로나에서 작품을 쓰며 무려 9년을 보낸 노벨상 수상자 가브리엘 가르시아라는 콜롬비아 출신 작가가 있거든. 그 사람 이름을 따서 지은 공립 도서관을 가봤는데…."라는 아무도 원치 않을 정답 말이다.

타인의 로망을 위해 떠난 여행이 아니지 않은가. 내가 원하는 걸 찾겠다고 떠난 여행이다. 우리의 목적은 책이란 무엇이고 책을 기준으로 다른 나라의 저력을 이해하는 게 적절한지에 대한, 적절하다면 우리가 계속 책에 머물러도 될지에 대한 확인 작업이었으므로, 글에서만큼은 나의 정답에 자유를 허락하고 싶다.

바르셀로나의 가브리엘 가르시아 Gabriel García Márquez 도서관은 이 도시에서 세 번째로 규모가 큰 도서관이다. 건물 주변의 가로수를 고려해 창을 내는 기발함으로 마치 숲 안에 들어온 것 같은 실내 분위기를 연출한다. 스페인 사람들의 건축에 대한 조예가 이입된 현대적인 건물로, 밝은 나무색 책장과 감각적인 디자인의 라운지체어 등을 자유로이 배치해

가구 전문점의 쇼룸을 연상시키기도 한다. 도시 외곽의 지성인들이 오롯이 쉴 수 있도록 열람실·독서실·휴게실 등의 공간을 분리했으며 거대한 규모에 압도당하지 않도록 자연 친화적인 디자인을 가미했다.

오나 서점은 개성이 절정에 달하는 인테리어로 카메라 배터리가 빠르게 방전되었던 곳이다. 컬렉션의 종류와 양을 확인하는 것만으로 절로 존경심이 생겨 나는 이곳은 믿기지 않을 만큼 독특하고 수려한 디자인으로 시선을 사로잡는다. 색을 쓰는 데에 주저함이 없어 노랑, 파랑 원색이 극도로 대비되는 걸 볼 수 있으며, 헤링본 바닥 하나에도 흑백의 대비로 역동감을 주었다. 이곳은 카페·북토크·전시·세미나 등으로 문화적 가교 역할까지 하며 바르셀로나의 자부심이 되고 있다. 가우디가 서점을 디자인 했다면 오나 서점이 아니었을까 싶을 정도로.

흔히 바르셀로나와 카탈루냐는 통용되기도 한다. 스페인의 북동부 자치 지구인 카탈루냐에 바르셀로나가 자리하고 있기 때문이다. 바르셀로나 시민들은 타의 추종을 불허하는 개성과 독자적인 정체성을 지닌 장소에 상징적으로 '카탈루냐'라는 단어를 붙이는 버릇이 있다. 카탈루냐 미술관도 그중 하나로 이곳은 스페인 고유의 화풍을 들여다볼 수 있는 최적의 장소이다. 로비에는 그들의 남다른 예술적 지향점을 깊이 알게 해주는 미술관 전용 서점이 예술 애호가들을 기다리고 있다.

바르셀로나 대학에 위치한 CRAI 도서관은 대학생들은 물론 시민들에게도 명상의 기회를 제공한다. 중정 형식의 독특한 캠퍼스와 건축 양식을 볼 수 있어 스페인의 대학교 모습·건축·책이 궁금한 이들에게 즐거운 곳이 아닐 수 없다. 바르셀로나 중심부에 있어 접근이 쉽고, 전시회나 가이드 투어를 제공하며 일반인과 소통해 나가는 이곳은 스페인이 얼마나 공평하게 지적 산물을 공유하는지를 여실히 보여주고 있다.

스페인에 가우디만 있고 가르시아가 없었다면 우리는 환상적인 건축물의 목격자일 뿐 이 나라가 가진 깊이를 알아채지 못했을 것이다. 가르시아 공립 도서관 벽면에 쓰인 가르시아의 말을 통해 스페인이 추구하는 인생과 더 나아가 책을 대하는 태도를 되짚어 본다.

“삶이란 그저 사는 게 아니라 당신이 무엇을 기억하고, 어떻게 기억하는지를 말해주는 것입니다.
La vida no es la que uno vivió, sino la que recuerda y cómo la recuerda para contarla.”

La vida
no es la que
uno vivió,
sino la que
uno recuerda
y cómo
contarla.
GARCÍA MÁRQUEZ
BIBLIOTECA GABRIEL GARCÍA MÁRQUEZ

가브리엘 가르시아 도서관 Biblioteca Gabriel García Márquez

가브리엘 가르시아 도서관 Biblioteca Gabriel García Márquez

오나 서점 Llibreria Ona

Teatre
Entre l'infern i
la glòria
Entre l'infern i
la glòria

오나 서점 Llibreria Ona

카탈루냐 국립 미술관 Museu Nacional D 'Art de Catalunya

카탈루냐 국립 미술관 Museu Nacional D 'Art de Catalunya

Cerámica
Facècies
ESTAMPAS DEL JAPÓN MÍTICO
HOKUSAI

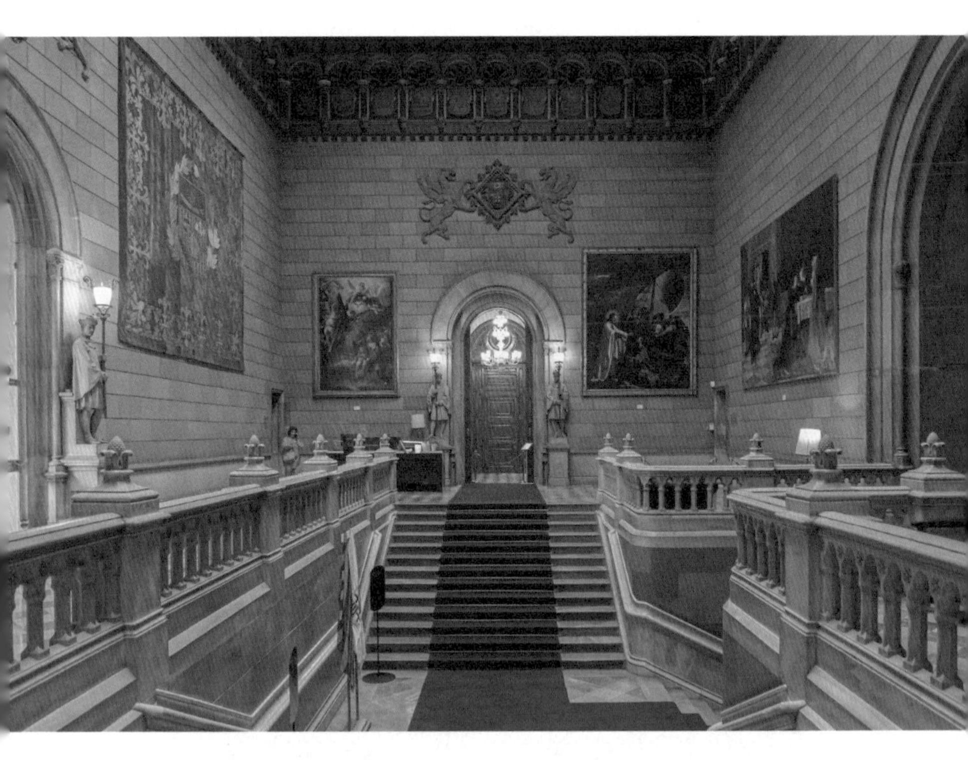

CRAI 도서관 CRAI Biblioteca de Fons Antic

CRAI 도서관 CRAI Biblioteca de Fons Antic

로마 Roma

카사나텐세 도서관

Biblioteca Casanatense

비트윈 더 라인즈 서점

Between the lines Bookshop

라벤나 Ravenna

스카티스파르시 서점

Libreria Scattisparsi

베네치아 Venezia

지운티 알 푼토

Giunti al Punto Librerie

라 카사 디 레오

La Casa di Leo

산 토마 도서관

Biblioteca di San Tomà

피렌체 Firenze & 피사 Pisa

마루첼리아나 도서관

Biblioteca Marucellian

펠트리넬리 서점

Feltrinelli Librerie

바티칸 시국 Vatican City

Italy Vatican City

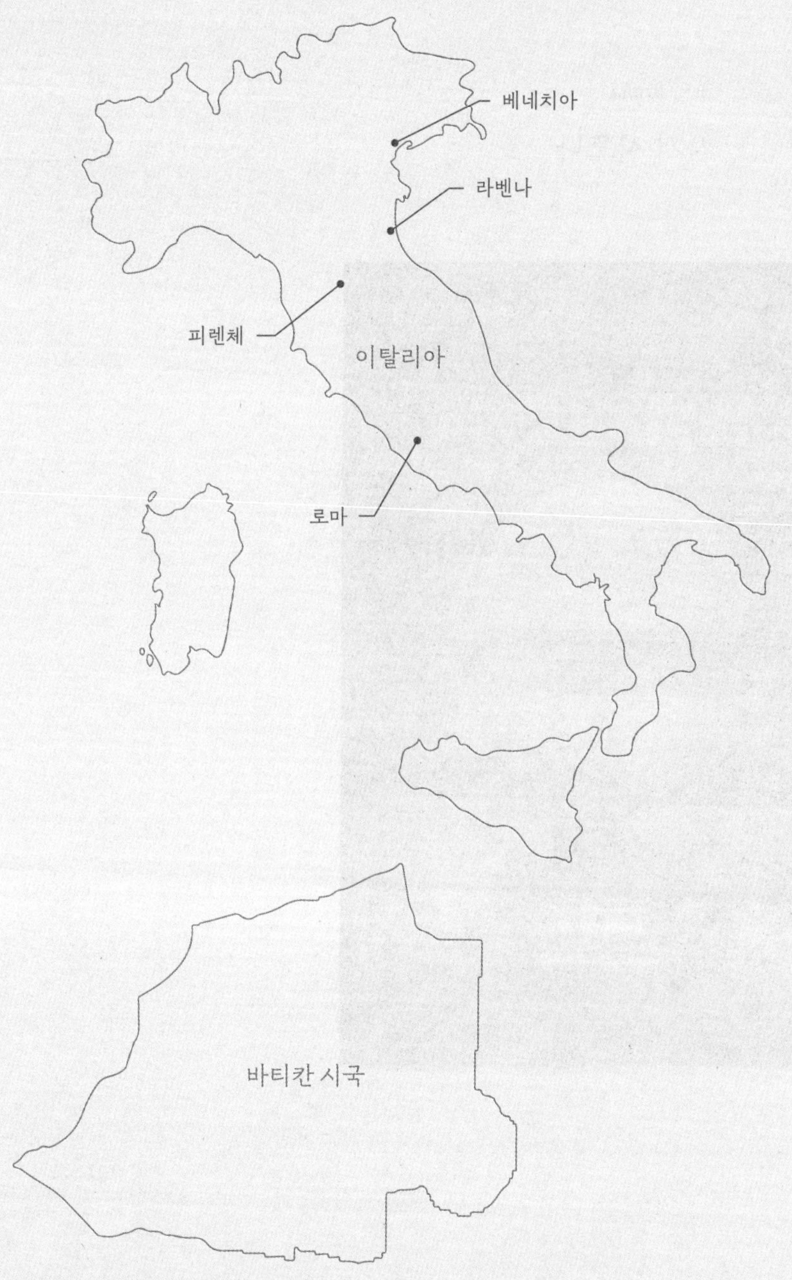
베네치아
라벤나
피렌체
이탈리아
로마
바티칸 시국

로마 Roma

사서 시모나

*

콜로세움·트레비 분수·판테온·조국의 제단·포로 로마노·팔라티노 언덕·스페인 광장…. 열거하기도 벅찬 문화유산이 빽빽이 모인 도시 로마는 본의 아니게 교묘한 심리전에 말려들기 십상인 곳이다. 스탠드 업 코미디 쇼에서 '어디 한번 얼마나 웃기는가 보자' 하며 옹졸하게 팔짱을 끼는 너그럽지 못한 관객처럼 가진 게 많은 이 도시를 두고 '어디 한번 얼마나 대단한 곳인가 보자'라는 흑심이 잘게 요동치기 때문이다.
관광객은 물론이거니와 건축가·역사학자·예술가 심지어 요리사들까지 한 목소리로 이탈리아 로마에 예찬을 아끼지 않자 꼭 단점을 찾아내고야 말겠다며 되지도 않는 시샘이 터진 게지만, 로마로 통하는 모든 길 중 어느 한 곳도 막아 낼 방도는 없었다. 로마는 멸망한 적 없던 것처럼 끝끝내 융성한 모습이었으니까 말이다.

17세기 프랑스 동화 작가 장 드 라 퐁텐 Jean de La Fontaine의 『우화』에 처음 언급된 '모든 길은 로마로 통한다'라는 문장은 단도직입적으로 기원전 3세기 로마 대제국이 정복을 위해 무려 5백 년간 세상으로 향하는 도로를 건설한 역사적 사실에서 기인한 말이다. 재미있는 점은 중국 역시 만리장성을 쌓았단 사실인데, 차이가 있다면 로마의 길은 세상을 향했고, 중국의 길은 세상을 막았다. 두 나라의 우월성을 비교하는 건 어불성설이지만, 로마의 개방적 지배·교류 방식이 서구의 문화와 정서를 전파하는 데 유리했던 게 사실이다. 도시는 문화유산을 단순히 간직하는 데 그치지 않았으니, 로마인의 문화적 자존감이 유난히 세찬 까닭이기도 하다. 그렇다고 하여 거만한 기색은 찾아볼 수 없는 현대의 로마인들은 겸손한 모습으로 자신들이 가진 유산을 세상과 나누려고 한다. 책은 어떠하냐고? 어쩔 수 없이 시선을 잡아끄는 페라리나 람보르기니도 로마 사람들이 책장을 수호하는 자부심에 비하면 별 게 아닌 한낱 장르에 지나지 않는다.

토요일 아침 비트윈 더 라인즈 서점 입구는 유아차를 끌고 온 젊은 부부들로 붐볐다. 안쪽에서는 동화 구연 이벤트가 열리려던 참이었고, 시간이 되었는지 서성이던 가족들이 몰려들어 순식간에 명소로 변신했다. 작은 독립 서점이지만 선택의 폭이 넓어 이탈리아의 성경책이 궁금했던 내게 성경책을 바로 찾아 줄 정도로 다양한 컬렉션을 소장한 이 서점은 카페도 운영하고 있었다. 이 근방에선 책과 커피의 조합이 가장 이상적인 곳이란 평이 자자하다. 영어가 익숙하지 않은 사장님은 언어 장벽도 개의치 않고 전문 구연 작가가 진행하는 책 모임에 우리 가족의 자리를 마련하느라 분주했다. 모든 길은 비트윈 더 라인즈 서점으로 통한다고 했던가!

트레비 분수를 지나 발걸음을 10분여 더 옮기면 나오는 카사나텐세 도서관은 1701년 카사나테 추기경이 기증한 2만 5천여 권의 도서를 소장하기 위해 지어졌다. 트레비 분수에 관광객을 다 빼앗긴 탓에 도서관은 우리 차지가 될 수 있었다. 추기경의 유언에 따라 하루 여섯 시간은 일반인에게 공개하는 게 이 도서관의 운영 철칙이다. 여행 막바지에 들른 도서관에서 신선한 의미를 찾기란 쉽지 않은 일이나, 이 도서관은 그 어려운 일을 손쉽게도 해냈다. 멋들어진 실내야 그간 봐왔던 근사한 도서관과 견줄 수 있지만, 이곳의 사서는 어디서도 본 적 없는 전문성을 갖추고 있었기 때문이다. 우리가 사진 찍는 동선을 예리하게 피해 가던 두 사서는 숨을 고르는 틈을 타 다가와 넌지시 도움이 필요한지 물었다. 정보를 찾을 목적이면 구글로도 충분하지만, 로마의 사서가 주는 도움의 수준이 궁금해서라도 억지 질문을 만들어 내야 했다.

"여기에 있는 장서는 총 몇 권인가요?"

인위적인 질문은 끝없는 파장이 되었다. 사서는 도서관의 책과 더불어 거기에 놓인 지구본·동상·작은 조각 하나에 담긴 역사부터 심지어 지동설·천동설에 이르기까지 유창하지 않은 영어 실력에도 모두 설명해 냈다. 한참이 흐른 뒤 그제야 나는 본능적으로 궁금했던 마지막 질문을 던졌다.

"What's your name?"

그녀의 이름은 시모나 Simona 였다. 지금도 나는 로마를 시모나라는 이름으로 기억한다.

카사나텐세 도서관 Biblioteca Casanatense

카사나텐세 도서관 Biblioteca Casanatense

비트윈 더 라인즈 서점 Between the Lines Bookshop

라벤나 Ravenna

1유로 장인 책방

*

명품이 흔해 빠진 대표적인 나라가 이탈리아다. 패션 분야만 봐도 구찌·프라다·펜디·페라가모·아르마니·베르사체·불가리·발렌티노·보테가 베네타 등 브랜드가 하도 다채로워 프랑스가 없었더라면 독점권이라도 부여받았다고 믿을 정도다. 패션 브랜드와 우수한 관광 자원에 주연 자리를 내줬지만, 의외로 이 나라의 주요 산업은 기계·화학 분야에 있다. 유럽에서 독일 다음으로 제조업이 발달한 이 나라는 자동차·자전거·건축·토목·중공업·제약·식료품 등 다양한 분야에서도 만드는 족족 명품을 탄생시킨다. 좁은 뒷골목 상점에서도 장인정신으로 빚은 명품들을 찾을 수 있는데 가죽·유리·종이·나무 등 재료에도 제한이 없다. 이탈리아엔 최고만 상대하겠다는 장인이 많아서일 거다.

이런 장인의 나라에서 라벤나는 모자이크가 발달했단 것 외엔 딱히 명품이라 불릴 만한 게 없어 보이는 작고 소박한 도시였다. 크루즈의 출항지라 무슨 수를 써서라도 와야 했던 곳이지만, 베네치아에서 기차를 갈아타고도 세 시간은 걸리는 탓에 도시가 예뻐 보일 리 만무했다. 인원수 대로 배낭을 메고

터질듯한 캐리어 두 개를 울퉁불퉁한 돌바닥 위에서 굴리는 일이 다음 여정이었으니까 말이다. 수시로 양팔을 교대해도 근육통은 풀릴 기미가 없었는데 캐리어를 맡아 줄 곳도, 택시를 잡아탈 곳도 찾지 못했을 땐 마음에도 근육이 뭉친 상태였다. 당최 이해할 수 없는 건 그런 순간에 꼭 오기가 발동한다는 사실이다. 무더위가 절정인 날 20분은 더 걸어가야 나오는 서점을 우리는 기어코 포기하지 않았다. 용기의 다른 이름이 무모함이기라도 한 것처럼.

멋진 반전은 라벤나가 유럽에서 반드시 다시 와야만 하는 도시 1위로 등극했다는 사실이다. 도착하는 순간 모진 고생을 즉각 보상해 준 스카티스파르시 서점 때문이다. 건물 아래 필로티 복도를 따라 자리한 상점 기둥에는 'Libreria'와 'Usati'라는 이탈리아어가 쓰여 있어 눈치껏 중고 서점임을 알리고 있었다. 복도의 오래된 선반엔 자연스럽게 책이 늘어서 있었고, 드문드문 배치된 소품은 꼼짝없이 고상했다.

땀범벅을 하고 요란하게 캐리어를 끌고 나타난 우리 가족을 반긴 건 할아버지 사장님의 차별화된 눈인사였다. 특별히 깊고 따뜻한 미소와 함께 서점 내부를 지극히 아름답게 담아달라 요청하시기도 하였다. 노년의 여유인지, 여유를 품고 살아 온 덕택인지 이곳의 할아버지들한테선 공통적으로 사랑이 느껴진다. 별 볼일 없는 행색임에도 환대해 줘 관대함의 현신과 마주하는 기분이다.

실컷 사진을 찍고 가게를 나와 돌아가려던 순간, 황급하게 뛰쳐나오신 할아버지는 유창한 영어로 "이 옆 가게도 내가 운영하는 서점이에요. 얼마든지 찍어도 돼요."라고 말한 뒤 자리를 피하셨다. 보물처럼 보이는 고서와 골동품이 잔뜩 쌓인 공간에서 사진을 찍는 동안 무더위보다 더 후끈한 감동에 애써 호흡을 가다듬으며 가슴속 울림을 매만졌다. 팽창한 캐리어 안에 곧 생수까지 들어갈 예정이었지만, 우리는 머리에 이고 가는 한이 있더라도 이 서점에서 책 한 권을 사야만 했다. 상태가 좋은 중고 책을 고작 1유로에 팔고 있어 보탬이 되지는 못할지라도 최소한 사장님의 마음에 우리의 애정만큼은 보태기 위해서였다. 그렇게 1유로를 내고 가게를 나서려고 할 때 할아버지는 재차 아이들을 부르더니 명품 미소와 함께 연필 두 자루를 선물하는 사랑까지 보여 주셨다.

라벤나에 다시 갈 때 우리의 캐리어는 텅 빈 것이어야 한다. 스카티스파르시 서점에서 미처 표현하지 못한 경의를 가득 싣고 가려면, 그곳에서 캐낸 보물을 한가득 싣고 오려면, 걸어 나오는 뒷모습에서 무겁게 실은 사랑을 뒤뚱뒤뚱한 걸음으로 보여 주려면 말이다.

이탈리아 최고의 명품은 라벤나의 책이었다.

스카티스파르시 서점　Libreria Scattisparsi

A caso
KATE ATKINSON

베네치아 Venezia

베네치아의 영웅, 레오

*

여행을 가기 전이나 후에도 가장 세계적인 관광지가 어디였냐고 묻는다면 0.1초의 망설임도 없이 베네치아라고 답할 것이다. 제일 좋았다는 뜻은 아니다. 거북이 서너 마리와 외딴섬에서 지낼지언정 책 몇 권과 워드 프로그램이 깔린 구식 컴퓨터 한 대만 주어지면 무인도의 고요를 고급스러움으로 착각할 단순한 취향을 가졌으니까 말이다. 그럼에도 가장 세계적인 관광지가 베네치아라고 확신하는 건 우리조차도 꾸역꾸역 이 아름답고 비좁은 수상 도시로 몸을 들이밀어 오버투어리즘의 한 페이지를 장식해서이다.

단단히 주입식 교육을 당해서일 거다. 인디애나 존스·이탈리안 잡·미션 임파서블·스파이더맨·투어리스트 등 영화 속 잠깐의 등장에도 베네치아는 호흡까지 집중시켰고, 셰익스피어는 상인을 등장시켜도 하필이면 베네치아에서 데뷔시켰다. 라스베이거스와 마카오의 베네시안 호텔엔 베네치아가 통째로 옮겨져 있고, 세계 곳곳의 수상 도시에 곤돌라 비슷한 보트만 등장해도 영락없이 어디 어디의 베네치아라는 수식어가 붙는다. 더구나 이 모든 호들갑을 미국이나 영국처럼 다른 나라들이 알아서 떨어줄 정도니, 제아무리 주입식 교육이라고 해도 거부권은 도저히 행사할 수 없는 도시가 베네치아다.

불행히도 베네치아 본섬에 내리자마자 우리는 눈을 뜬 채 시큼한 악몽을 꾸기 시작했다. 좁고 오돌토돌한 길 위, 20킬로그램이 훌쩍 넘는 캐리어는 진동만으로 손목 감각을 사라지게 했고, 수로에 계단식으로 만든 다리를 다섯 개나 건너야 할 땐 박해받는 기분마저 들었다. 성수기를 피해 한가로울 거라고 믿었던 도시는 리알토 다리와 산마르코 광장에서 지진을 일으키는 인파에 정이 떨어질 참이었고, 맛만 보장되고 가격은 보장되지 않는 식당들 탓에 안타깝게도 피자가 주식이 되어 미각을 잃기 직전이었다.

미운털이 속속 박히는 절체절명의 순간 베네치아는 보란 듯이 빽빽한 도서관과 서점을 보여주며 그들의 정통성을 과시했다. 도심에서 떨어진 작은 광장에 무심하게 서 있는 오래된 2층 건물은 산 토마 공립 도서관이었다. 1층에선 작은 전시회가 열리고, 2층부턴 공간이 하나로 트인 열람실이 나온다. 오래된 벽화와 천장의 굵직한 서까래 아래로 동글동글한 디자인의 붉은 소파가 놓여 아늑함을 자아내는데, 이곳에서 상호 대출로 베네치아 전체 도서관의 40만 권 장서를 모두 빌려볼 수 있는 건 축복이나 마찬가지이다. 떠들썩한 도시 본연의 소음을 차단해 거듭 평화롭기만 한 이곳은, 비단 의사는 한 명도 없지만, 모든 병이 낫는 곳이기 때문이다.

전적으로 베네치아를 구하는 서점도 있다. 『베네치아를 살린 고양이 레오』를 주제로 꾸민 '라 카사 디 레오'가 그곳이다. 2022년에 출간된 이 동화책의 주인공 레오는 모험을 떠나 악당들을 모두 물리치고 베네치아를 구하는 캐릭터이다. 레오가 보여 준 용기·연대·환경 존중 등의 가치를 알리기 위해 시 당국이 나서서 임대료를 무상 제공하고 캐릭터를 상품화하는 데 앞장서고 있다. 파란색 줄무늬 티셔츠를 입은 레오는 베네치아호를 이끄는 선장 같다. 그래서일까? 화려한 수공예품 가게 틈에서도 단연 눈에 들어오는 이 서점은 그 탄생 과정을 알 리 없는 관광객까지 무작위로 끌어모은다. 책의 저자인 알베르토 토소 페이 Alberto Toso Fei는 베네치아에서 태어나 베네치아를 연구하고 베네치아에 관한 서적을 집필하며 TV·SNS·유튜브에서 베네치아를 홍보하는, 한마디로 이 도시의 영웅인데 레오는 그 자신의 분신인 듯하다.

베네치아를 알린 건 베네치아였다는 생각이 들었다. 이들은 전통과 정체성을 고수함으로써 그들 섬을 일류가 되게 했다. 과거 척박한 갯벌 섬에 2년이 넘도록 110만 개의 통나무를 일일이 박아 다져 이룩한 베네치아였다. 비만 내리면 온통 잠기는 도시를 지켜내기 위해 일명 '모세 프로젝트'라는 차수벽을 만들기도 한 그들이다. 이곳 곤돌라의 뱃사공은 단순히 노를 젓는 사람들이 아니다. 반드시 베네치아 태생으로서 4개국어 이상을 구사하며 곤돌라 전문학교 과정을 이수한 뒤 심사를 거쳐 뽑힌 초엘리트들이다. 이 작은 섬에 도서관과 서점은 넘쳤고, 베네치아만 연구한다는 작가까지 나왔다. 치열하게 전통과 정체성을 지켰을 뿐인데 남들이 더 안달복달하며 이곳에 앞다퉈 몰려들었던 거다. 그게 바로 전통이 지닌 힘이다.

책을 비롯한 콘텐츠의 소재로 전통을 빼놓을 수 없다. 참신하다고 믿는 소재가 무한한 상상력이 아닌 타인의 전통에서 비롯될 때가 많기 때문이다. 미지의 세계가 지켜 온 전통은 보기 전까지 알지 못하는 것이라 그 생경함이 무한한 호기심을 부른다. 베네치아 태생의 마르코 폴로가 『동방견문록』에 동양의 전통을 담지 않았다면 그것이 한때 성경 다음으로 많이 팔리는 책이 될 수는 없었을 것이다. 달리 말해 전통은 잘 고수하고만 있어도 얼마든지 궁금해할 타인이 널렸다는 뜻이다. 우리의 문화와 문학에 레오가 많아져야 하는 이유이다. 전통만큼 위험을 감수할 필요가 낮은 소재도 드물 테지만, 전통은 그 자체로 소중하니까 말이다.

지운티 알 푼토 Giunti al Punto Librerie

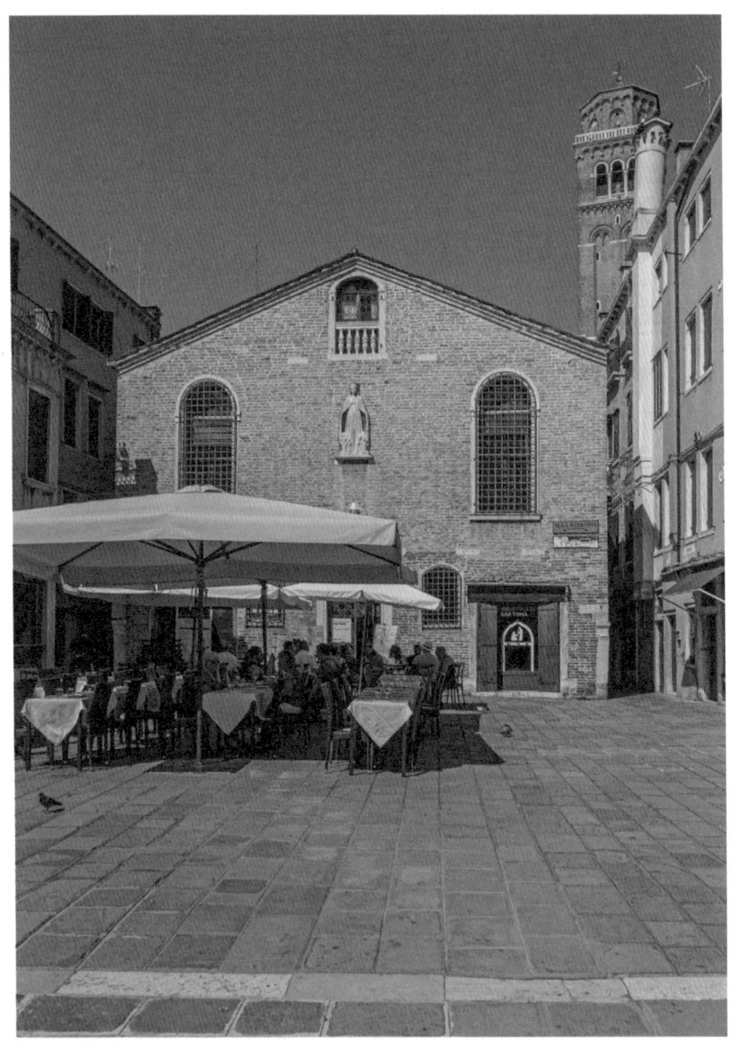

산 토마 공립 도서관 Biblioteca di San Tomà

라 카사 디 레오 La Casa di Leo

Il libro che va a scuola
Un bacio per quando ti manco
Il mio cuore è tuo
L'ALFABETO
ABC
GUARDANDO LE STELLE
UNA COLORATISSIMA COLLANA DI STOFFA

피렌체 Firenze & 피사 Pisa

르네상스식 투자법

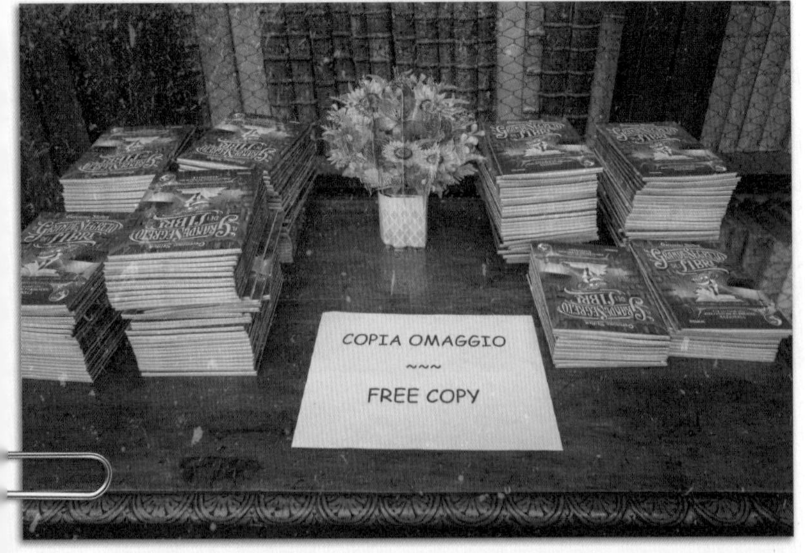

*

1817년 피렌체로 여행 온 프랑스 작가 스탕달은 르네상스 시대 작품을 보고 감동을 이기지 못해 급기야 호흡 곤란 증세를 보였다. 아직도 피렌체엔 한 달에 한 번꼴로 다리에 힘이 풀리거나, 식은땀이 흐르고, 심박수가 갑자기 빨라지는 등의 증상을 호소하는 일이 이어지고 있는데, 이를 가리켜 스탕달 증후군이라고 한다. 어디 피렌체뿐이랴. 달리는 버스나 기차에서 몇 번이고 내리고 싶었을 정도로 이탈리아는 이름 모를 시골 마을조차도 각종 증후군 환자가 생길 만큼 황홀한 유산으로 가득하다.

"피사의 사탑이 보고 싶어요."

둘째의 말에 즉흥적으로 떠났던 피사도 그러했다. 사탑 말고는 볼 게 없다는 후기들에 아랑곳하지 않고 직진했더니 5.5도 기울어진 55미터 탑의 자태는 얄궂게도 우리의 심장을 요동치게 만들었다. 사탑 앞 광장에 모인 십중팔구는 기운 탑을 손바닥으로 세우겠다며 너도나도 카메라 앞에서 우스꽝스러운 포즈를 취한다. 웃겨야 할 모습이 왠지 뭉클한 건 모든 이를 한날한시 한 몸이 되게 하는 문화유산의 존재감 때문이다.

기울어진 탑 하나가 도시 전체를 달군다니 실로 사탑만 봐도 충분한 피사였다.

이 도시에서 보너스처럼 즐길 수 있는 또 하나의 명소는 사탑을 피해 한가로이 누릴 수 있는 펠트리넬리 서점이다. 이탈리아의 대표 서점 체인인 이곳은 어디서도 본 적 없는 독특한 분위기의 야외 서재를 가지고 있다. 'ㄷ'자로 설치된 천막의 가운데 뚫린 부분을 지붕처럼 뒤덮은 무성한 나뭇가지가 숲에 들어선 듯한 착시를 일으킨다. 피사의 사탑 말고 볼 게 또 있다는 명백한 증거였다.

피사에서 기차로 한 시간 남짓이면 도착하는 도시가 피렌체다. 스탕달 증후군의 원조 도시답게 사방에 르네상스가 팔딱거리며 온통 시신경을 자극한다. 거대한 돔 지붕에 현란한 외벽의 두오모 성당과 세계 최대 미술품을 소장했다는 우피치 미술관만으로 가히 가슴이 먹먹해진다. 이처럼 피렌체를 진땀 나게 융성한 도시로 만든 장본인은 메디치 가문이다. 지구상에서 가장 부유했던 이 가문은 모든 분야에 후원을 아끼지 않아 문화 예술의 암흑기였던 당시를 르네상스 시대로 탈바꿈시켰다. 메디치의 후원 덕에 인류사에 지워지지 않는 발자취를 남긴 인물도 다수였다. 메디치 가문은 가난한 집

아들이었던 미켈란젤로를 입양해 예술적 재능을 무한정 펼치게 했고, 지동설로 위기에 내몰린 갈릴레오를 후원해 과학의 진일보를 앞당겼다. 단순히 부를 분배하는 데 그치지 않고 선견지명으로 미래 가치를 읽었던 메디치가는 오늘날 피렌체를 넘어 이탈리아를 일으켜 세운 주역이다. 그들의 손길이 닿지 않은 곳이란 찾기 힘든 피렌체에서 우리는 모두 스탕달이 된다.

"지금 엄마가 보고 있는 건 정말 아무것도 아니에요. 저쪽으로 가면 여태 여기서 사진 찍은 걸 후회하게 될 거예요."

피렌체의 마루셀리아나 도서관 초입에서 사진을 찍고 있던 내게 둘째 아이는 위풍당당한 목청으로 나무라듯 일렀다. 설립자인 프란체스코 마루첼리 Francesco Marucelli 수도원장의 뜻을 기려 모두에게 개방되는 이곳은 과연 모퉁이를 돌자마자 르네상스가 흐르는 서가로 탄식을 내뱉게 만들었다. 고풍스러운 갈색 책장에 둘러싸인 열람실은 고귀하게 빛났고, 민트색과 금색이 섞인 전시실의 말간 유리 밑 소장품들은 쟁쟁하기만 했다. 하염없이 셔터를 누르던 그때 남편과 첫째가 동시에 외쳤다.

"여보~! 여기 도서관 안내 책자가 있는데 무료야."

"엄마~! 제로니모 스틸턴이에요."

르네상스였다.『제로니모 스틸턴』의 도서관 안내 책자라니! 『제로니모 스틸턴』은 49개의 언어로 번역되어 2억 부 가까이 판매 부수를 찍은 책이자 이탈리아가 낳은 최고의 캐릭터이다. 이 캐릭터를 창조한 엘리자베타 다미 Elisabetta Dami는 출판사 집안에서 태어나 이미 19세에 첫 작품을 쓸 정도로 잔뼈가 굵은 작가다. 훗날 자신이 아기를 가지지 못한단 사실을 알고 어린이 병원에서 자원봉사를 할 때, 아이들을 즐겁게 할 목적으로 제로니모를 탄생시켰다. 자신이 아픔에 상심하지 않고 타인의 행복을 위해 능력을 펼친 선한 영향력이 전 세계를 관통했다고 볼 수 있다. 이토록 자랑스러운 제로니모가 이탈리아의 공립 도서관들을 소개하는 책자에 등장하는 건 일종의 사회적 환원이다. 인쇄비가 상당히 들었을 것으로 보이는 견고한 책자를 도서관에서 아낌없이 모두에게 배포하는 태도는 현대판 메디치 가문의 기품 같았다.

오늘날의 피렌체가 존재하는 건 메디치 가문의 투자가 적중했기 때문이다. 부를 독식하지 않고 사회에 환원할 때 그들은 문화의 부흥을 기준으로 삼았다. 시대를 초월해 가치를 잃지 않을 무언가가 문화유산이라는 걸 확신해서다. 엘리자베타 다미 역시 '제로니모 스틸턴'이라는 필명으로 활동하며 스스로 돋보이기를 절제하고 스틸턴이 말하려는 삶의 가치·우정·용기·평화 등의 철학을 알리는 데 매진했다. 책이 지닌 본질적 가치가 철학이란 걸 이해했기 때문이다. 이탈리아 전역에 살아 숨 쉬는 속 깊은 예술과 철학은 미래 가치를 이해한 투자자들의 산물이다. 가치 투자로서 책이 궁극엔 모두가 탐내 할 종목이 되는 날, 책의 르네상스 시대는 다시 열릴 것이다.

laFeltrinelli

펠트리넬리 서점　Feltrinelli Librerie

마루셀리아나 도서관 Biblioteca Marucelliana

마루셀리아나 도서관 Biblioteca Marucelliana

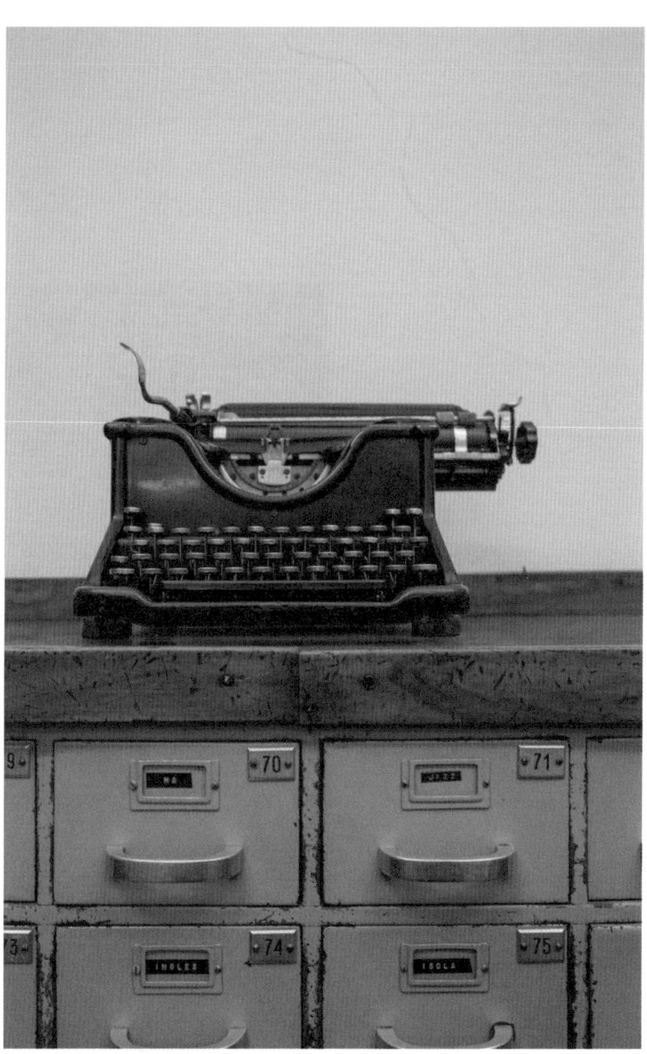
70
71
74
75

바티칸 시국 Vatican City

불멸의 책

*

명치가 알싸해지는 나라다. 면적이 고작 0.44제곱킬로미터에 불과한 세상에서 가장 작은 나라 바티칸 시국은 교황이 최고 권력을 지닌, 가톨릭에 있어서는 절대적인 힘을 갖춘 나라이다. 2023년 기준, 이 나라의 시민권자는 고작 764명으로 추정되는데, 아무도 만만하게 보지 못하는 건 전 세계 약 14억의 가톨릭 인구가 이들의 실질 국민이기 때문이다. 규모로만 따지면 두세 시간 만에 다 둘러볼 수 있을 만큼 작은 면적이지만, 때를 가리지 않고 몰려드는 방문객 위를 날아다닐 생각이 아니라면 하루 이틀은 잡아야 하는 관광 대국이기도 하다. 어마어마한 관광 수익을 가볍게 제치는 주 수입원이 성도들의 헌금일 만큼, 모든 곳에 신이 머무르는 듯한 이 나라에선 옷깃을 다시 여며야 할 것 같은 성스러운 오라를 대면할 수 있다. 바티칸 시국은 우리의 마지막 여행지였다.

여행 후반부에 들어설 즈음부터 우리 가족은 저마다 우울감을 겪었다. 회사와 학교로 복귀할 생각에, 좋아하는 여행이 끝났다는 좌절감에, 무엇보다 가족과 24시간 지겨울 정도로 붙어 있으며 행복했던 시간이 종료되었다는 공허함에 현실을 부정하기 바빴다.

"어서 이게 꿈이라고 말해!"

"자고 일어나면 다시 케임브리지로 돌아가 있을 거야. 그렇지?"

미친 자의 연기는 훌륭하기만 했다. 그러니 마지막 여행지인 바티칸 시국은 졸지에 동네북 역할을 해야 했다.

"뭐? 박사 학위 소지자나 교수, 학자가 아니면 바티칸 도서관은 입장도 못 한다고? 그래, 나 학사다!"

상심한 마음에 유치한 언행도 서슴지 않았다. 도서관도 못 보는 마당에 바티칸 박물관은 전문 가이드 업체를 통해 가더라도 입장 대기 시간만 서너 시간이라고 하니 방문하는 날까지 가는 게 맞나 고민했을 정도다. 여행 마지막 날 새벽 6시 30분에 박물관 앞에 줄을 서 표독스럽게 눈 뜬 자화상을 그려 냈다면 분명 걸작이었으리라!

여행에서 처음이자 마지막으로 한국인 가이드의 통솔로 시작된 박물관 투어는 인파에 떠밀려 흘러가기만 해도 될 만큼 이제껏 방문한 어떤 곳보다도 관광객이 많았다. 어차피 최종 목적지는 시스티나 성당 천장화를 향한다. 4년간 미켈란젤로가 시력을 잃고 창자가 뒤틀리면서까지 높이 20미터, 길이 40.9미터의 천장에 그렸다는 천지창조가 있으니까 말이다. 투어가 시작되기 전 가이드는 신신당부를 해왔다.

“천지창조에선 사진 촬영이 엄격히 금지됩니다. 매일 터트리는 플래시나 카메라 셔터의 미세한 진동이 계속되었다면 천지창조는 이미 세상에 없는 작품이 되었을 거예요.”

그녀는 의도하지 않았지만, 뇌리를 가격하는 말도 했다.

“제가 정말 찍을 만한 작품은 미리 말씀드릴 테니까, 사진 찍느라 정신 팔려서 그룹을 이탈하시면 안 돼요. 어차피 조명이 어두워서 잘 찍히지도 않고, 한국에 돌아가서 그 사진들 감상하실 것도 아니잖아요.”

속내가 적나라하게 벗겨져 명치 끝이 아려왔다.

예정대로라면 가이드에게 부탁해 바티칸 미술관에 붙어 있는 도서관을 슬쩍 볼 요량이었다. 1448년 책을 유난히 사랑했던 교황 니콜라오 5세가 설립한 이곳은 지상 최고의 도서관이라고들 하지 않던가. 160만 점의 장서와 주화, 도장, 조각품 등 하나같이 유물인 소장품을 지닌 데다 자료 복원실이 있는 1층의 천장과 벽엔 시스티나 성당만큼이나 화려한 벽화도 있다. 게다가 가장 오래된 성서 사본도 이곳에 보관되어 있다고 하니 이토록 화려한 면면이면 마지막 여행지가 되기에 적합하다는 집착을 만들어 낸 거다. 하필 그 집착을 가이드에게 들킨 듯해 마음이 허둥지둥해지고 말이다.

처음 책 여행을 기획할 때만 해도 어디 어디 유명하다는 뒷배경이 탄탄한 책장들만 섭외했던 게 사실이다. 육아 휴직까지 감행하며 얻은 기회인데 이 정도 허세는 괜찮을 거라 믿었다. 유럽 땅을 밟은 지 한 달이 지날 무렵 비로소 허상을 좇았다는 자책이 밀려들었다. 책장은 외모가 아니라 기능에 충실해야 한단 사실을 마주하면서 꺼내 볼 수도, 꺼내 본다 해도 이해할 수도 없는 책을 찾아다니진 말자고 다짐했었다. 단지 아이들이 새로운 세계에서 더 커진 세계관으로 부모가 애쓴 흔적을 사랑으로 기억하길 바란 게 다였다. 그 사랑이 아이를 성공시킬 거라는 욕심이 아니라 쉬운 것 하나 없는 세상에서 성공하지 않아도 다시 일어설 수 있는 아이들의 마지막 안식처가 될 거란 믿음으로 말이다. 책을 꺼내 읽고, 책상에 앉아 꾹꾹 글을 눌러 썼으면 모두 이룬 거였다.

우리 인생이 그렇다. 이번 생은 처음이지만 마지막이기도 해, 한 번뿐인 기회를 잘 누리고 싶어서 욕망을 무기 삼아 허상을 좇기에 바쁘다. 허상은 아무리 잘해 봐야 부질없이 허망함만 남기는 걸 알지만 모른 척은 왜 이리 쉬운지. 책의 본질을 알고 실상을 파악하자고 떠난 여행의 마지막 날을 허망함으로 화려하게 장식할 뻔했는데, 책을 허락하지 않는 바티칸 시국의 절대적인 힘에 우리는 정신이 번쩍 들었다.

게다가 바티칸 도서관 공식 사이트에서는 이미 책을 포함한 그들의 소장품을 세세하게 공개하고 있다. 시대와 동행하는 발걸음으로 꾸준히 그들이 가진 유산을 실물 e북으로 만들어 도서관의 기능을 완벽하게 디지털로 실현해 낸 것이다. 바티칸 시국은 절대적으로 책을 지키는 나라였다. 후련해진 마음으로 베드로 광장에 나온 우리는 피렌체 도서관에서 가져온 이탈리아 도서관 안내 책자를 보며 바티칸 도서관에 아름다운 작별 인사를 했다.

유럽의 책장으로 떠나기 전 처음 했던 생각이 있다.

"책이 우리를 지켜줄 거야. 나태함으로부터, 무관심으로부터, 우매함으로부터, 편협함으로부터, 몰상식으로부터, 소매치기로부터…."

인간이 책을 지키고, 책이 인간을 지키는 한 책은 영원할 것이다.

세상을 이겨내는 힘은 세상을 읽고 이해할 때
비로소 온다.

Vēnī. Vīdī. Vīcī.
왔노라. 보았노라. 이해했노라.

생각거리

뒤이어 나오는 생각거리는 유럽 113개의 책장에서 자라난 아이들의 생각을 주제별로 엮어 자유롭게 써 내려간 글들입니다. 아직 영글지 못한 어린애들인 줄로만 알았는데, 솔직하고 순수한 글솜씨는 도리어 어른을 되돌아보게도 하는 선명한 감동이었습니다. 여행은 삶을 돌아보게 하고, 책은 그 순간을 여행으로 만듭니다. 책과 생각거리가 함께 한다면 그것이야말로 우리가 상상할 수 있는 최고의 여행일 것입니다.

런던행 비행기를 탔을 때 이 여행은 시작되었다. 다른 나라에 간 나를 이해하기 위해 많은 시간을 썼다. 여행 초반엔 설명할 수 없는 기대감과 걱정이 나를 잠도 못 들게 했다. 모든 게 어색하고 경계되는 상황에서 발버둥만 친 것 같다. 여행에 몰입하려고 노력했지만, 아무리 달려도 시작점으로 돌아왔다. 그리운 친구들이 꿈에 나오고 한식만 찾게 되었다. 이런 상황에서 나는 계속 달렸다. 그 결과 한국행 비행기를 타고 돌아올 때 이 여행은 쉼과 즐거움, 경험, 감동이었다는 것을 알았다. 이번 여행의 핵심은 책이었다. 외국의 도서관과 서점은 인상적이었고 덕분에 책의 위엄을 알게 되었다. 나는 책을 단순히 종이에 인쇄된 글자라고 생각했는데, 사람의 감정을 마음대로 조절하는 능력을 지닌 마법이었다.

첫째_정준모

여행을 4개월 넘게 하니까 준비가 필요했다. 나는 마음의 준비를 했고, 두근두근하고 즐거웠다. 이번 여행은 신기했다. 고대 유물과 작품도 많이 봤고, 경험도 산더미처럼 했다. 그중에 주제 글쓰기는 긴장되었다. 왜냐하면 내 글이 재미없으면 어떡하지 했기 때문이다. 다행히 글쓰기는 한 번에 바로 멋진 내용을 쓰지 않아도 되어서 별로 힘들지 않았다. 에든버러에서 글쓰기를 할 때는 쉬운 주제가 나와서 재밌기도 했다. 한국으로 돌아오기 전날 여행이 다 끝나서 무척 슬펐다. 근데 돌아오니까 금세 적응하고 다시 재밌어졌다. 긴 여행은 아쉬움은 조금 남겼고 많은 기운을 주었다.

둘째_정모건

1 시작

시작이란 뭘까? 이 글은 내가 앞으로 쓸 글들의 시작이다.

시작은 우리가 경험을 할 수 있는 기회이고 행운이다. 우리가 상상할 수 없는 일을 일으킬 수도 있다. 그만큼 중요하기 때문에 시작은 우리를 두근거리게도 하고 기분이 좋아지게도 한다. 우리는 '시작'이라는 것을 그저 단어로 취급할 수도 있지만 시작 안에는 사실 엄청난 힘이 숨겨져 있다.

시작은 분명 행운이다.

_준모

태어난 것, 우유를 마신 것, 아기 때 형과 뽀뽀한 일, 엄마 아빠를 안아준 것, 처음으로 걷기, 말을 처음 해본 것, 차를 타는 일, 운동화를 신던 날, 음식을 맛있게 먹은 일, 산에 가보기, 모기를 물린 것, 여행을 떠난 날, 어린이집 가는 날, 학원을 처음 가본 것, 학교 가는 길, 글쓰기….

이 모든 것이 시작이고 추억이다.

_모건

2 싸움

지금도 세상에는 전쟁 중인 나라가 있다. 당연하게도 그 나라의 모습은 처참하기만 하다. 싸움을 멈추길 바라는 사람은 많지만, 전쟁은 아직 끝나지 않고 있다. 싸움은 의견이 엇갈리거나 과도한 욕심 때문에 발생하는 잔인한 일이다. 싸움이 없다면 평화가 세상을 뒤덮게 된다. 싸움을 멈추기 위해서는 처음 그것을 일으킨 사람의 잘못된 생각과 마음을 버리고 상대방을 존중하는 것이 우선이다.

우리의 일상에도 싸움은 일어난다. 전쟁과 비교하면 아주 사소한 싸움이지만, 우리가 느끼기엔 전쟁과 다를 바 없다. 나는 종종 싸우면서 가벼운 폭력을 쓰는 일도 있다. 격한 감정을 조절하지 못해 잘못된 행동으로 내뿜는 것이다. 결국 싸움이 커지게 되고 서로 다치기도 하며 상처받게 되는데 지나고 나면 허무하고 감정을 낭비한 기분이 든다.

싸움은 이처럼 허무하고도 허무한 일이기 때문에 그걸 빨리 알아차리고 세상의 모든 싸움을 중단해야 한다.

_준모

싸움은 보통 이렇게 일어난다. 누군가 날 놀리면 시작되는데 나도 같이 놀리면 싸움이 이어지게 된다. 그러면 싸움은 끝나지 않는다. 처음부터 싸움이 일어나지 않게 자신의 나쁜 행동을 멈춰야 한다.

_모건

3 선택

선택이 어려운 이유는 하나를 고르면 나머지를 버려야 한다는 사실과 선택에 따라 결과가 완전히 뒤바뀔 수 있다는 두려움이 있기 때문이다. 『어린왕자』에서 나는 선택의 중요성을 알려주는 장면을 봤다. 그것은 염소가 어린왕자의 행성에 갔을 때 왕자가 제일 아끼는 장미 한 송이를 먹을 것인지 아닌지를 정하는 내용이었다. 만약 염소가 그 장미를 먹었다면 왕자의 가슴에는 모든 세상을 잃는 괴로움이 닥쳤을 것이고, 그렇지 않았다면 왕자는 언제나 장미와 함께 행복했을 것이다. 이 장면에서 나는 선택에 얼마나 위대한 힘이 있는지 알았다.

여러 가지 갈림길이 자신 앞에 놓여있으면 우리는 선택해야 한다. 그럴 때마다 우리는 자신이 원하는 것을 많이 고민하여 선택해야 하고, 혹시라도 그 결과가 마음에 들지 않더라도 겸허하게 받아들여야 한다.

_준모

누구나 다 고르는 일을 한다. 선택지가 있을 때 나는 고민을 한다. 왜 나는 고민을 할까? 내가 선택하는 것인데도 무엇을 할지 잘 몰라서이다. 하나만 선택하고 싶지 않고 다 고르고 싶을 때도 많다. 자신이 원하는 걸 정확히 알지 못하는 사람은 선택이 어렵다. 나는 아직도 빨리 선택하는 게 어렵지만, 앞으로는 내가 아주 원하는 하나를 딱 집어서 고를 것이다.

_모건

4 행복

"정말 행복해."

무언가 신나는 일이 있을 때 행복을 말하지만, 행복의 기준은 모두 다르다.

어떤 사람은 책을 보는 일이 행복할 수 있고, 또 누군가는 축구 경기를 보는 것이 행복할 수 있다. 그냥 쉬는 게 행복한 사람도 있고 일하면서 행복을 얻는 사람도 있다. 이렇게 다양하니 무엇이 맞는 기준이라고 단정 지을 수 없다.

행복이 찾아오기 전 불안한 생각이 들 때도 있다. 검도 승급 심사를 볼 때가 그렇다. 상장받는 행복한 순간이 오기 위해선 실수할까 봐 떨리는 걸 이겨내야 한다. 여행을 가는 행복을 위해서도 비행기를 타는 무서움을 참아야 한다.

행복은 정말 오묘한데 확실한 건 행복이 찾아오면 기분이 최고가 된다.

_준모

행복은 사랑과 닮았다. 사랑은 생각만 해도 몸이 뜨거워지는 것처럼 마음이 따뜻해지는 기분이 드는데 행복도 그렇다. 요즘 내가 많이 느끼는 게 행복이다. 침대에 누워있는데 엄마가 다가올 때, 놀이터에서 신나게 놀 때, 스웨덴을 가려고 크루즈를 처음 탔을 때, 학교에서 친구들 앞에서 장기 자랑하는 걸 성공했을 때 행복했다. 보석처럼 좋은 행복을 매일 만나면 좋겠다.

_모건

5 평범

평범하다는 것은 다른 사람과 똑같은 모습을 한 거라서 인생을 재밌게 살아갈 수 없는 것처럼 느껴진다. 물론 평범함이 꼭 나쁜 건 아니다. 특별한 사람은 튀는 사람이 되어 시기와 질투를 받을 수도 있기 때문이다. 평범하게 잘 살아가는 사람도 있고 특별하게 잘 살아가는 사람도 있다. 각각 장단점이 있지만, 그중 하나를 고르라면 사람들은 특별한 걸 고를 것이다. 우리는 자신을 특별하다고 생각하기 때문이다. 자신만의 특별한 재능과 개성을 가지니, 심지어 지문도 다 다른 것만 봐도 우리 모두 특별하다. 그렇다고 해도 평범함을 잊어서는 안 된다. 규칙대로 행동하고 서로를 배려하는 마음이 평범한 것이라면 아무리 특별한 사람도 평범함을 가져야만 한다.

_준모

평범은 두 가지 모습을 가지고 있다. 평범하면 밥을 먹는 걸 잘할 수 있고, 잘 걸을 수도 있고, 잠도 푹 잘 수 있어 좋다. 반대로 평범하기만 하면 공부를 못하고 운전도 못하고 글도 못 쓰게 된다. 그래서 나는 내가 평범하지 않았으면 좋겠다. 그래야 글도 잘 쓰고, 노는 것도 잘하고, 춤도 잘 추고, 수영이나 보드게임도 잘하게 되기 때문이다.

_모건

6 소통

어릴 때 아빠가 이런 말을 해주셨다. "소통을 통해 사람의 모든 것을 알 수 있어." 아빠의 말은 진짜였다. 물론 소통으로 사람의 전부를 알 수는 없을 것이지만, 최소한 그 사람의 상태, 기분, 마음 등은 알 수 있다.

소통은 사람 사이에 큰 도움이 된다. 상대방의 마음을 읽고 적절하게 말하는 실력이 늘게 되면 자신의 마음도 좋아질뿐더러 지루할 수 있는 시간도 잘 보내게 되고, 공감 능력까지 좋아지게 된다.

나 역시 소통을 통해 얻은 게 많다. 특히 엄마와 소통할 때가 그렇다. 심지어 내가 잘못한 순간에도 엄마와 소통하며 나의 잘못과 나의 잘한 점을 동시에 알게 되어 '다음엔 이렇게 해야겠다'라는 다짐을 갖게 된다. 1~2학년 때 나는 정말 소심한 아이였는데, 선생님과 친구들과 소통하면서 지금은 이렇게 용감해지기도 했다. 나는 정말 소통을 사랑한다.

_준모

소통은 아빠, 엄마, 형, 친구들과 말하는 것이다. 아마도 나는 소통을 많이 하고 있다. 소통을 하지 않는다면 큰일이 날 수 있다. 서로 말하는 게 없어져서 말이 아예 사라지게 된다. 말이 사라지게 되면 아빠, 엄마, 형, 친구들이 모두 잊혀지게 된다. 사람이 잊혀지면 건물과 자연도 사라지게 된다. 그러니까 나는 소통이 아주 중요하다고 생각한다.

_모건

7 시간

우리가 진정으로 소중히 여겨야 하는 게 시간이다. 시간은 우리에게 경험, 기회, 휴식 등을 준다. 무엇보다 시간이 있어 우리가 태어나고 자라날 수 있었다. 시간이 없었다면 애초에 세상이라는 개념도 없었을 것이다.

이렇게 중요한 시간을 무의미하게 허비해서는 안 된다. 효율적으로 사용하는 기술이 필요하다. 무엇을 할지, 어디를 갈지 등등 계획을 짜서 시간을 활용해야 한다. 우리에게 시간은 많지만, 그것을 계획대로 쓰지 않으면 그 시간에는 의미가 들어가지 않기 때문이다. 의미 있게 살아가는 게 인생이다. 아까운 시간을 다 날린다는 건 인생을 날린다는 것과 같다. 한 번뿐인 인생을 쓸모없게 써버리는 일만큼 어리석은 일은 없다. 인생을 가치 있게 살기 위해선 시간을 뜻깊게 쓰는 태도가 필요하다.

_준모

하루를 나타내기도 하고 하루의 반, 반보다 더 작은 순간도 시간으로 나타낼 수 있다. 시간은 우리에게 빠를 때도 있고 느릴 때도 있다. 가족여행을 하면서 든 생각은 4개월이 아주 빨리 지나간다고 생각했다. 반대로 시계를 보며 예약한 식당을 기다릴 때는 시간이 느리다고 생각했다. 시간은 잘 써야 의미가 있다. 왜냐면 시간을 제대로 안 쓰면 알맞은 시간에 목표에 가지 못할 수도 있다.

_모건

8 건강

우리 삶의 최우선은 건강이다. 건강하지 않으면 어떠한 방식으로든 죽음을 맞이해 모든 내 앞에 놓인 길이 막혀버리게 된다. 아무것도 하지 못할 것 같은 두려움 때문에 집중을 못 하게도 된다.

계획대로 일을 처리하고 빨리 일하는 것을 좋아하는 사람들은 건강보다 일을 더 중요시한다. 하지만, 건강을 잃어 안타깝게 죽게 되면 그 일들을 다 못하게 된다. 건강관리를 하지 않으면 모든 게 다 날아가 버리는 것이다.

만약 일의 목표량이 100일 때, 그 목표를 다 채워도 건강을 관리하지 않으면 의미가 없고, 조금 느려도 건강을 챙기면서 하루에 1씩 100일에 걸쳐 일을 완성한다면 그 결과가 더 좋다는 뜻이다. 모두가 이 말을 이해했으면 좋겠다.

_준모

나는 지금 아주 건강하다. 놀고 먹고 자고를 계속 반복하기 때문에 건강한 것이다. 건강은 마음이 따뜻해지면서 머릿속이 텅 비는 기분이다. 진짜 생각이 없어지는 게 아니라 건강한 몸이 마음을 좋게 만드는 거 같다. 반대로 건강하지 않다면 몸이 무너져서 아무것도 할 수 없게 되고, 마음이 날카로워진다. 건강을 지키는 일은 쉽다. 채소를 많이 먹고, 운동하고, 영양제도 먹으면 된다. 이렇게 쉬우니까 사람들은 꼭 건강을 지켜야 한다.

_모건

9 공부

공부는 사람을 전략적이 되게 하고, 똑똑하고 효율적으로 만드는 최고의 장치이다. 진정한 공부의 조건은 생각보다 까다롭다.

요즘 아이들은 학원을 몇 개씩 다니며 힘들게 산다. 신기한 건 그렇게 많은 시간과 돈을 쓰고도 아이들은 배운 내용만 기억하지 별다른 성과는 없다고 생각한다. 어떤 아이들은 학원을 안 다녀도 '이 단어는 무엇이고 저 단어의 뜻은 또 뭐지?'라며 호기심과 흥미를 느낀다. 게다가 다른 사람에게 질문하며 돈을 안 쓰고도 재미있게 배운다. 이 점을 많이 배워야 할 것 같다.

공부를 재미있게 해야지, 힘들게 해버리면 스트레스를 받아 머릿속 지식도 다 잊을 것이다. 엄마는 나와 동생에게 그런 말을 자주 하신다. "초등학교 때는 충분히 놀면서 자유롭게 생각하고 질문을 하는 게 좋고, 나중에 정말 배우고 싶은 게 있고 가고 싶은 대학이 있을 때 집중해서 공부하는 게 중요해." 난 엄마의 이 문장에서 많은 것을 깨달았다. 무엇보다 공부가 필요하다고 생각될 때 열심히 하는 게 중요하다고 생각했다.

_준모

공부는 무엇을 배우는 거다. 공부에는 여러 가지가 있다. 국어, 수학, 과학, 사회, 영어, 체육 등이 있다. 기술을 배우는 것도 공부다. 내가 배우고 있는 검도와 기타도 공부다. 1등을 하는 것보다 열심히 하는 것으로 충분하다. 열심히 해서 공부의 능력이 생기면 원하는 학교나 직업을 고를 수 있게 되기 때문이다. 우리는 되도록 부지런히 공부를 하는 게 좋다.

_모건

10 자유

인간은 자유로워야 한다. 요즘 시대 인간은 매일 바쁘게 살아간다. 아이들은 자신이 원치 않아도 학원에 가는 걸 강요받는다. 이런 방식에 나는 동의하지 않는다. 예를 들어 자유가 없는 상태가 지속되면 괴로움에 학원이 싫어질 것이고 성적도 나빠질 게 분명하다. 그렇게 되면 학원을 강요한 부모님은 의도한 결과가 나오지 않았다며 짜증낼 것이다.

다행히 나는 부모님께 자유와 책임을 동시에 받았다. 나는 이 비율이 맞다고 생각한다. 자유로움과 약간의 공부. 방에 갇혀서 공부만 하는 게 아니라 자유롭게 뛰어놀 수 있는 시간이 있어서 힘이 난다.

인간을 풀어두고 아무것이나 할 수 있게 해주는 게 자유이지만, 때때로 자유를 막는 일도 필요하다. 위험한 일을 피하거나 반드시 해야 할 일을 해야 할 때이다. 그것만 잘 지켜진다면 인간은 자유로워야 뭐든 더 잘할 수 있게 된다.

_준모

내 마음대로 하거나 편하게 있는 게 자유다. 이번 여행에서 계속 자유가 있었던 건 아니다. 더 놀고 싶은데 엄마는 돌아갈 시간이라고 해서 돌아가기도 했고, 먹고 싶은 초코 과자를 안 사주기도 했다. 그런데 내 생일 날엔 자유가 생겼다. 내가 하고 싶은 걸 다 할 수 있고, 먹고 싶은 것도 다 먹을 수 있었다. 나는 이제부터 자유를 생일 자유라고 부를 것이다. 이번에 느낀 게 자유는 쉽게 생기는 게 아니다. 힘든 날이 있어야 자유가 생긴다.

_모건

11 여행

여행을 하고 있는 내가 연필을 꺼내 들어 여행에 대해 글을 쓴다. 여행은 많은 소통으로 제작된 놀이이다. 집중력을 가지고 사람과 시간과 일어나는 일들을 관찰하는 과정이 여행이다. 여행에는 물론 돈도 필요하지만, 무엇보다 계획을 세우고 목표에 맞게 하나씩 성취해나가는 의지가 필요하다.

여행이 시작되기 전 몸이 마치 영하 100도의 물에 들어간 것처럼 부들부들 떨렸는데 그만큼 여행엔 난이도가 높은 긴장감이 있다. 이런 여행을 실행하는 건 엄청난 일이다. 여행을 준비하면서 사람들은 자신의 숨겨진 능력을 발견하게 되고 여행으로 새로운 세상을 경험하면서 그 능력을 발전시킬 수 있게 된다. 누구나 한 번쯤 돈과 시간을 투자해 여행을 떠나보는 건 어떨까?

_준모

여행은 한 번 즐기면 계속 계속 즐길 수 있게 된다. 지금 나는 긴 여행을 하는 중인데 이 글도 크루즈에 타서 여유롭게 창문을 보며 쓰고 있다. 북유럽은 백야가 있어서 아직 해가 밝게 떠 있다. 여행을 오지 않았다면 밤은 어둠만 있는 줄 알았을 것이다. 크루즈가 내가 생각한 거보다 백 배는 더 크다는 것도 여행 와서 처음 알게 되었다. 사람들이 살면서 꼭 여행자가 되어 추억을 남기는 일을 해보면 좋겠다.

_모건

12 사랑

사랑의 위력은 대단하다. 어릴 때 엄마는 날 들어 안 듯이 감싸고 이렇게 말했다. "사랑해." 그 기분은 말로 표현하지 못할 행복감이다. 사랑받고 있다는 그 자체로 마음이 좋아지는 것이다. 사랑은 부모님뿐 아니라 할머니, 할아버지, 선생님, 친구 등 주변의 모든 사람과 만들 수 있는 감정이다.

표현하는 방법에도 수천 가지가 넘게 있다. 안아주기, 사랑한다고 말하기, 같이 시간 보내기, 마주 보며 웃어주기 등…. 사랑이 세상에 늘어가는 건 행복이 같이 늘어간다는 걸 뜻한다.

모두 서로 많이 사랑해야 한다.

_준모

사랑은 쉽게 생길 수 있다. 사랑을 가질 준비를 하고 사랑을 받으면 바로 사랑이 생겨난다. 나는 하루에도 엄청 듬뿍 사랑을 받는다. 엄마, 아빠는 매일 나를 사랑해준다. 나는 사랑이 가장 좋은 것이라고 생각한다. 진짜로.

_모건

생각거리를 더 만나고 싶다면?

Thanks to.

공간보윰

우리의 목적지가 유럽 책장 곁이
되도록 영감을 주신 노원구 공릉동
공간보윰 '내곁에 서재'에 하릴없는
감사를 전합니다.

효형출판

아울러 책을 단단히 믿고 책의 본질을
올곧게 지켜나가는 효형출판과
송형근 팀장님과의 인연에 감사와
찬사를 보냅니다.

유럽의 다정한 책장들

24개 나라를 여행하며 관찰한 책과 사람들

1판 1쇄 발행 | 2024년 6월 30일
1판 3쇄 발행 | 2024년 9월 10일

지은이 모모 파밀리아
(박윤미·정인건·정준모·정모건)

펴낸이 송영만
편집 송형근 이나연
디자인 오승예
마케팅 임정현 최유진

펴낸곳 효형출판
출판등록 1994년 9월 16일 제406-2003-031호
주소 10881 경기도 파주시 회동길 125-11
전자우편 editor@hyohyung.co.kr
홈페이지 www.hyohyung.co.kr
전화 031 955 7600

ISBN 978-89-5872-223-6 (03920)

값 21,000원